"运动即良药"系列

篮　球

主编
谭晓缨　李　菁

科学出版社
北　京

内容简介

本书是面向所有篮球爱好者的入门读本，共分为五个章节，包括篮球运动的概述，场地、器材、服装与规则，过程详解，技术与战术，常见的损伤及防护。本书对篮球运动过程做了详细的介绍，从热身开始，到篮球运动的基本动作、配合等，由浅入深，图文并茂，并使用扫一扫二维码的方式，让读者在阅读文字内容的同时，还能直观地看到动作效果。

本书可供篮球爱好者们学习、参考，也可供篮球运动相关从业人员阅读、借鉴。

图书在版编目（CIP）数据

篮球 / 谭晓缨，李菁主编 . —北京：科学出版社，2018.1
（运动即良药系列）
ISBN 978-7-03-054779-8

Ⅰ. ①篮…　Ⅱ. ①谭… ②李　Ⅲ. ①篮球运动
Ⅳ. ① G841

中国版本图书馆 CIP 数据核字（2017）第 247810 号

责任编辑：朱　灵
责任印制：谭宏宇 / 封面设计：殷　靓

科学出版社 出版
北京东黄城根北街 16 号
邮政编码：100717
http://www.sciencep.com
苏州越洋印刷有限公司印刷
科学出版社发行　各地新华书店经销
*
2018 年 1 月第　一　版　开本：B5（720 × 1000）
2018 年 1 月第一次印刷　印张：5
字数：83 000
定价：32.00 元
（如有印装质量问题，我社负责调换）

“运动即良药”系列编委会

《篮球》编写组

主　编

谭晓缨　李　菁

副主编

闫　燕　毕　强　李欣欣

编委名单

王福利　朱晓峰　孙　伟

李珉洁　范乃元

加强体育锻炼，惠及健康生活

（代序）

进入21世纪以来，人们日益关注的健康问题已经上升为国家战略。2016年10月25日，中共中央、国务院发布了《“健康中国2030”规划纲要》（以下简称《纲要》），这是今后15年推进健康中国建设的行动纲领，要求把健康融入所有政策，全方位、全周期保障人民健康，大幅提高健康水平。在《纲要》中，共34次提到“体育”这一关键词，这是因为体育运动与健康有着息息相关的内在联系。

“生命在于运动”，运动既是一门科学，也是一门艺术，更是一种健康的生活习惯，但并不是每一项运动都适合所有人，不同人群适宜的运动强度、运动时间也有所差异，不适宜的运动、运动不足或过度运动都有可能对健康造成损害。那么，究竟什么运动才适合自己？生了病也可以参加运动吗？

我们常说，“良药苦口利于病”，但并不是所有的疾病都只能咽下这苦不堪言的“良药”才能治愈，也不是咽下这口苦药就能药到病除。其实科学的运动处方也是一剂“良药”，而且还是一剂不用尝“苦”却具有显著效果的“良药”。那么，这“药方”该怎么开？我们自己能开吗？到底如何利用运动这剂“良药”来达到促进健康的目的呢？

要解决这些问题，当务之急是找到“合适的运动素材”，具体来说有两点：一是所选的项目和运动器材适合自己的年龄段；二是所选的运动对防治自己年龄段常见疾病有针对性和防治效果。

目前市面上有关体育锻炼的书籍虽然不少，但真正能够提供“合适的锻炼素材”的书籍仍比较缺乏。上海体育学院拥有许多具有较高科研水平和丰富教学经

验的专家，他们均长期从事运动促进健康方面的研究，经验丰富，硕果累累。此次，学院专家们与科学出版社共同打造了这套“运动即良药”系列。

在编写过程中，我们不断摸索、调整，为青少年、中青年白领、老年人等不同人群分别设计运动方案，也介绍了羽毛球、游泳、广场舞等人们可普遍参与的专项运动；在努力形成统一风格以便读者阅读的同时，也尝试使用新的可视技术为读者提供更加直观的指导。

我们希望通过这套图书，能够更好地发挥运动的功能，为广大读者打开一扇通往健康生活的阳光之门。由于多种因素的制约，本套图书可能还存在有待改进之处，我们希望能够得到大家的鼓励和有益的评论，也欢迎广大读者实践后向我们反馈意见和建议，帮助我们把此项工作做得更好。

陈佩杰

2016 年 10 月

前　言

1995 年，我国颁布实施了《全民健身计划纲要》，号召人们“加强身体素质锻炼”。2016 年 6 月，国务院印发《全民健身计划（2016 － 2020 年）》，更是将全民健身运动和群众体育作为实现全民健康的重要途径和手段，是建设中国特色社会主义社会和实现全面小康必不可少的组成部分。

风靡全球的篮球运动，也是我国普及程度高、非常受欢迎的运动项目之一，因其简便的器材和场地需求、简单易学的动作，同时可根据自身情况调节运动强度，对身体机能较全面地刺激，还可培养团队意识，使其成为全民健身的优选运动项目。

本书以篮球运动的概述（起源、发展、主要国际组织、功能）、篮球运动规则（场地、设备与器材、服装、基本规则）、运动过程详解（准备活动、运动量及运动强度的控制）、运动技战术分析、运动中的常见损伤与防护为脉络，为篮球爱好者提供丰富的知识与科学的指导。本书不仅介绍了比较专业的技术动作与战术配合，还介绍了运动前的准备工作及运动中的常见损伤与康复练习，使读者在较全面地认识篮球运动的基础上，能够积极、主动、安全地参与这一项运动。

本书主编为谭晓缨、李菁，副主编为闫燕、毕强、李欣欣，编委分别为上海体育学院篮球团队的朱晓峰、孙伟，以及上海体育学院硕士研究生王福利。本书图片拍摄由上海体育学院女篮院队队员范乃元、李珉洁作为模特完成示范动作，在此特别感谢。在本书编写的过程中，各位编委为本书的完成付出大量的辛勤劳动，在此一并表示感谢。

本书编委本着积极、负责、专业的精神，严谨的态度倾心编著，疏漏和不足之处望读者批评指正。

主 编

目　录

第一章
篮球运动的概述

篮球运动的起源及发展

一、篮球运动的起源

1891年，加拿大人詹姆斯·奈史密斯于美国马萨诸塞州（以下简称“麻省”）的一所基督教青年会训练学校（现更名为春田学院）任体育教师期间，发明了一项室内集体游戏项目——篮球。

麻省的冬天在十一月就开始下雪，室外运动不得不停止，然而当时的室内运动只有体操与器械操，学员们觉得无聊，各个都无精打采。有一天，体育系主任高力克博士对奈史密斯说：“学员们是因为没有合适的运动才如此无精打采，所以你动动脑筋，想一种能引起学员们活动兴趣的室内团体运动，让大家快乐起来。”该校所在地是一个盛产水蜜桃的地方，各家各户都备有装水蜜桃的篮子，奈史密斯一日在市场看见工人在搬运水蜜桃，卡车上和卡车下的工人合作无间，不仅用投掷代替搬运，而且工人们投掷技术娴熟，每投必中，这使他想起了小时候在家乡玩的一种传统游戏DUCK–ON–ROCK。两者结合，便有了篮球运动的创意。

詹姆斯·奈史密斯铜像

奈史密斯将装水蜜桃的篮子钉在

室内运动场两端二楼凸出悬空的走廊外缘，由于悬廊有十尺高，因此就决定钉在十尺高的位置。再以美式足球、欧式足球与冰上曲棍球的规则为基础，拟定了游戏规则共十三条。此时，正值圣诞节假期前夕。

DUCK-ON-ROCK

圣诞节休假结束后，奈史密斯将十八名学生分成两队，每队九人。主要规则是把球投掷进篮里得二分，防守者第二次犯规要下场禁足，直到对方进球后方可解禁再上场。如果一队犯规满第三次，则对方得一分。值得注意的是，在最初的规则中不允许球员运球或拍球，只允许传球或掷球到某一点，然后掷球球员跑过去接球后再把球投掷。当时还没有罚球的规定，直到 1894 年，罚球才被纳入篮球的规则中。

二、篮球运动的发展

19 世纪，随着世界产业革命的发展，篮球运动经过构思设计——初创试行——建章完善——推广传播——立项入世——普及提高——创新发展等七个阶段，由一种民间乡土游戏，转变为一种体育竞技项目，乃至当代社会的新兴产业门类。若按其活动的方法和规则完善的过程划分，可将其演进发展划分成以下五个时期。

1. 初创试行时期（19 世纪 90 年代～ 20 世纪 20 年代）

这一时期的篮球运动无明确游戏规则，也无人数、场地设备限制。不久后，补充了一些场地设备规定、人数限制与规则要求，如筐可设于地面，也可悬于空中靠挂。对场地范围有了明确规定，动作也有了简单要求等。

2. 完善传播时期（20 世纪 30 ～ 40 年代）

篮球运动在世界范围内被传播开来，逐渐受到各国年轻人喜爱。1932 年，国际业余篮球联合会（后更名为国际篮球联合会）在日内瓦成立，初步制定了 13 条比赛规则，明确规定了上场参赛的人数与时间，进一步划分了比赛场地的不同区域，并在 1936 年第 11 届奥运会上将篮球列为男子竞赛的正式体育竞技项目。在此时期，篮球运动的攻守技术动作增多，基础战术配合已成雏形，集体攻守对抗的竞争形式显示出其独特价值，场地、筐与篮板的形式与规格也有了较为统一的要求。

3. 普及发展时期（20 世纪 50 ～ 70 年代）

这一时期，篮球运动在全球近百个国家与地区得到普及。参与活动的并不仅限于青少年，而且各国组织了频繁的竞赛活动，开始举办男女世界篮球锦标赛，篮球运动逐渐家喻户晓。篮球技术、战术创新发展，比赛场地、设施及规则进一步完善，形成了科学的攻防体系，使篮球运动成为战术打法极其丰富的运动项目。

4. 全面提高时期（20 世纪 70 ～ 80 年代）

篮球运动被称为“巨人”们的游戏。运动员身高和技术的有机统一，以及队伍整体高空战术配合的形成，地面与空间协同组合的战术配合及速度与高度的对抗日趋激烈，高智慧、高技巧、高强度、高对抗、高速度、高比分成为篮球运动发展的新趋势。篮球比赛规则经过数次修改，增加了追加罚球、确立进攻 3 分球的规定，调整了进攻时间，提高了攻防转换速度，重新构建了篮球技术、战术新体系。20 世纪 70 年代中期，女子篮球运动被列为第 21 届奥运会竞技项目，女子篮球全面地向男子化靠拢。

5. 创新、攀登时期（20 世纪 90 年代～ 21 世纪初）

国际奥林匹克委员会和国际篮球联合会于 20 世纪 90 年代，同意职业篮球队员参加奥运会比赛，特别是美国“梦之队”参加在西班牙举办的第 25 届奥运会，球员的高超球艺使篮球运动在国际上受到广泛关注，篮球运动由此向科技化、智谋化、竞技化、技艺化、强对抗、多变化融于一体的方向发展。

篮球运动的主要国际组织

一、FIBA 和 NBA

1.FIBA——国际篮球联合会

国际篮球联合会（FIBA）简称国际篮联，1932 年 6 月 18 日在瑞士的日内瓦成立，创办国为阿根廷、希腊、意大利、葡萄牙、罗马尼亚、瑞士、捷克斯洛伐克和拉脱维亚共 8 国。国际篮联现有 215 个会员，分属国际篮联承认的非洲、亚洲、美洲、欧洲和大洋洲 5 个篮球联合会。

国际篮联的任务是发展世界业余篮球运动，制订比赛规则，确定场地和器材规格，委派国际比赛的裁判员并对其工作进行监督，确定运动员在协会间的转会。国际篮联的机构有代表大会、中央局及其执行委员会、秘书处和专门委员会。其下属组织还有世界篮球教练员协会 (WABC)、国际轮椅篮球联合会 (IWBF) 和国际篮球文献与研究中心 (ICDRB) 。为了发展青少年篮球，国际篮联设有国际小篮球运动委员会，与会员国一同合作发展这项活动，主席由中央局委员担任。小篮球运动委员会有自己的章程，每 4 年召开一次小篮球委员会全会。大洲组织的任务是发展本地区的篮球运动，举办洲或地区性的比赛，督促执行国际篮联的章程和规定，向国际篮联通报在该区举行的国际比赛的成绩，向中央局和代表大会报告工作等。国际篮联有一个名为“篮球发展”的有限股份公司 (FBP)，该公司下设管理部、研究部和营销部。国际篮联的主要比赛有奥运会篮球赛 (包括选拔赛)、世界锦标赛 (男、女，每 4 年一届)、世界男子青年锦标赛 (22 岁以下)、世界男女少年锦标赛、大洲锦标赛 (每 2 年一届)、国际篮联杯赛和其他重要比赛。中国篮球协会于 1936 年加入国际篮联，1958 年退出，1976 年恢复在国际篮联的会员资格。

2.NBA——美国国家篮球协会

美国国家篮球协会（NBA）联赛代表世界篮球的最高水平。目前 NBA 共有 30 支球队，分东部、西部两个联盟，每个联盟有三个分区，每个分区分别有 5 支球队。下表为各球队的队名以及所处的分区和联盟。

NBA 球队及联盟

东部联盟		
大西洋赛区	中部赛区	东南赛区
波士顿凯尔特人	底特律活塞	奥兰多魔术
费城 76 人	密沃尔基雄鹿	迈阿密热火
多伦多猛龙	克利夫兰骑士	亚特兰大鹰
布鲁克林篮网	印第安纳步行者	华盛顿奇才
纽约尼克斯	芝加哥公牛	夏洛特黄蜂
西部联盟		
西北赛区	太平洋赛区	西南赛区
犹他爵士	洛杉矶湖人	休斯敦火箭
明尼苏达森林狼	菲尼克斯太阳	圣安东尼奥马刺
俄克拉荷马城雷霆	洛杉矶快船	达拉斯小牛
波特兰开拓者	金州勇士	新奥尔良鹈鹕
丹佛掘金	萨克拉门托国王	孟菲斯灰熊

NBA 的赛季从每年的 10 月底至次年 6 月，分为常规赛、季后赛和总决赛三个阶段，每支球队参加 82 场的常规赛，各联盟按最终的胜负场次排名，排名各联盟前 8 位的球队进入季后赛。季后赛为淘汰赛，东、西部两个联盟分别决出各自的冠军，通过 7 局 4 胜制争夺总冠军。每年 NBA 总决赛成了球迷们的盛大节日，全球有超过 120 个国家和地区的电视台转播 NBA 总决赛的盛况。

1896 年，美国第一个篮球组织——全国篮球联盟（NBL）成立，但当时篮球规则还不完善，组织机构也不健全，常常一名队员在一个赛季中可以代表几个队参赛，经过几个赛季后，该组织就名存实亡了。1946 年 4 月 6 日，由美国波士顿花园老板沃尔特·阿·布朗发起成立了美国篮球协会（BAA）。1949 年，在布朗的努力下，美国两大篮球组织 BAA 和 NBL 合并为 NBA，布朗也成为后来著名的波士顿凯尔特人队的创始人。NBA 成立时拥有 17 支球队，分成三个赛区比赛，来自 NBL 的明尼阿波利斯湖人队依靠身高 2.09

米的美国第一中锋乔治·迈肯的帮助获得 NBA 第一个赛季的冠军。1952 年，NBA 为了限制第一中锋迈肯的得分能力，将篮下 3 秒禁区宽度由原来的 6 英尺（1 英尺 =0.3048 米）扩大到 12 英尺。到了 20 世纪 60 年代，由于另一位超级中锋张伯伦的出现，NBA 又将禁区宽度扩大到 16 英尺。由于 NBA 的球队在比分领先时常采用拖延战术，使比赛不能吸引观众，从 1954 ~ 1955 年赛季起，NBA 开始实行 24 秒制，即每队每次进攻不得超过 24 秒。1979 年起，NBA 开始实行 3 分远投制。为避免各队的实力悬殊太大，NBA 建立了每年一度的"新秀选拔制度"，将当年想加入 NBA 的选手按水平高低排出名次，然后由各俱乐部按当赛季常规赛战绩由差到好的顺序进行选择，每队只能选择一名，这样就保证了实力最弱的球队能得到水平最高的新秀，选到新星的弱队在新赛季中往往会脱胎换骨。为避免财大气粗的球队用高薪垄断明星球员，NBA 规定了每支球队的工资总额限制。这一制度保证了明星球员平均分布在各个球队，使各队实力接近。

二、中国篮球运动的发展

1. 中国篮球运动发展进程

我国现代篮球运动是在清代末期（1895 年）由美基督教青年会传教士来会理传入，他是天津基督教青年会第一任总干事。天津市是我国篮球运动的起源地。1896 年，天津基督教青年会举行了我国第一次篮球游戏表演，此后逐步由天津向全国传播、推广。一百多年来，篮球运动逐渐成为广大人民群众喜闻乐见的体育运动项目。

篮球运动在我国的传播、普及、发展、提高受不同时期政治、经济、文化、教育等各方面因素的影响和制约。为了便于了解篮球运动在我国的发展历史，通常可以按篮球运动传入中国后的社会变迁，篮球运动及其技术、战术在中国的发展和国内外重大竞赛活动、事件等将中国篮球运动发展进程分成三个时期。

（1）1895 ~ 1948 年为第一时期：传播、普及时期。这一时期，中国正处于半封建、半殖民地社会时期，篮球运动传入以后，未能受到重视和有组织地传播、普及，处于自流的状态。在 1910 年举行的第一届全国运动会上，篮球被列为男子表演项目；1914 年第二届全国运动会上，被列为男子正式竞赛项目；1924 年第三届全国运动会上，被列为女子正式竞赛项目。1936 年和 1948 年，中国参加了第 11 届和第 14 届奥运会篮球赛，并在 1936 年奥运会期间加入了国际篮球联合会。

（2）1949 ～ 1995 年为第二时期：有限推广—停滞困惑—复苏发展时期。在 1949 年中华人民共和国成立前夕举行的解放运动会上，篮球运动就被列入体育竞赛项目，中华人民共和国成立后由京津两地大学生组队参加了在匈牙利举行的第 10 届世界大学生运动会篮球赛，获第 10 名。此后，我国篮球运动进入了空前的发展和提高时期。当时我国篮球界提出了“快、准、灵”的战术指导思想，至 1966 年初，我国篮球运动已接近世界先进水平，战胜过不少欧洲强队，后受特殊历史原因的影响而停滞，从而拉大了与国际强队的距离。

进入 20 世纪 70 年代，体育战线全面崛起，我国篮球运动确立了赶超国际水平的新目标。1975 年，中国篮球协会在亚洲篮球联合会取得了合法席位；1976 年，国际篮球联合会通过决议，恢复中国篮球协会的合法席位，并承认中华人民共和国篮球协会是中国在国际篮球联合会中唯一合法组织。我国女篮在 1992 年第 25 届奥运会、1994 年第 12 届世界锦标赛上获得亚军；男篮于 1994 年第 12 届世界男子篮球锦标赛上第一次进入了世界前 8 强。

（3）1996 年至今为第三时期：随着国家政治、经济体制的改革，中国篮球运动进入总结经验—深化改革—解放思想—更新观念—创新攀登的新阶段。

2. CBA——中国男子篮球职业联赛

中国男子篮球职业联赛（CBA）是代表我国篮球最高水平的联赛，1995 年，国家体育运动委员会成立了篮球运动管理中心，在管理体制改革上迈出了重要的一步，即把传统的甲级联赛正式命名为 CBA 职业联赛，其担负着提高我国篮球运动的竞技水平、使我国篮球运动达到世界一流强队水平的重任。通过不断的改革、实践，我国篮球事业发生了深刻变化，带来了新的生机和活力，初步展现出广阔的发展前景，不仅培养出了“战神”刘玉栋这样的 CBA 明星，还涌现出姚明这样的国际巨星。

2016 ～ 2017 赛季共有 20 支参赛队伍，分为南、北两个赛区，经过常规赛后，决出前 8 名进入季后赛。季后赛采用交叉淘汰赛，1/4 决赛和半决赛均采用 5 战 3 胜制，冠亚军决赛采用 7 战 4 胜制，1/4 决赛和半决赛的负队不再进行比赛。

三、学校篮球的发展进程

1. 学校篮球的开展

中华人民共和国成立以后，学校篮球伴随着篮球事业和学校体育的发展，以增强学生体质和学习基本技术为目的，在落实教育方针、丰富校园生活、推动我国篮球运动普及和提高运动水平等方面显现出愈来愈强的基础作用。我国学校篮球运动经历了以下发展阶段。

（1）发展期（1949 ~ 1966 年）：中华人民共和国成立以后，鉴于篮球运动所具有的独特作用，组织开展学生篮球活动成为当时各级教育行政部门、体育管理部门和学校采取的主要活动内容，以响应发展学校体育工作的号召。1960 年后，第一套中小学体育教学大纲调整，在小学的大纲中增加了球类游戏，中学的大纲增加了篮球，这使篮球作为学校体育教学内容的地位得到了确认。在这一时期，我国以在校大学生为主参加国际比赛，大学生篮球队基本代表了当时我国竞技篮球的最高水平。

（2）开展期（1966 ~ 1976 年）：这一时期，全国体育行政机构和教育机构逐渐全面停止工作，各大、中、小学陆续停课，篮球运动也几乎全面陷于瘫痪，学校篮球运动受到了严重的破坏。1970 年起，部分业余体校、体育类院校相继恢复上课。根据 1972 年西安全国青少年业余体育学校工作座谈会会议精神，很多县级以上中小学开始创办业余体校或建立与业余体校相联系的训练点，学校篮球运动开始恢复。但大部分局限于城市、县级和区级的大、中、小学中进行，在农村中小学中，由于师资、场地和器材的限制，篮球活动开展依然有限，发展极其缓慢。1976 年，刚有好转的学校篮球运动再次受到抑制，学校篮球运动仅在部分地区小规模地开展。

（3）复兴期（1977 ~ 1997 年）：这一时期国家体育委员会、国家教育委员会颁布了许多文件来保障学校体育的发展。1979 年 3 月，《全国学生体育运动竞赛制度》公布施行，把篮球运动列为重点推广项目。同年 10 月 5 日，下发了《中小学体育工作暂行规定（试行草案）》，1985 年底下发了《关于开展课余训练，提高学校运动技术水平的规划》（1986 ~ 2000 年）。1986 年下发的《关于体育体制改革的决定（草案）》确立了以青少年为重点的全民健身战略和以奥运会为最高层次的竞技体育战略协调发展的体育事业发展思路。随着这些政策的落实，我国的学校体育工作登上了一个新的台阶。学校篮球也蓬勃开展，参与篮球运动的学生人数快速增加。例如，深圳龙岗镇全镇在校学生人数约 2.2 万人，其中参与篮球运动的人数达 1.87 万人，占学生总人数的 85%，经常参加篮球运动的学生每人每天活动的时间也达到了 35 分钟。

1983 年出台的《体育传统项目学校试行办法》，保障了篮球传统学校的规范发展。篮球传统学校的良好建设，推动了基层篮球运动的发展。一些学校还根据自身特点，在篮球传统学校基础上进一步创办篮球训练基地。例如，福建省莆田市自 1995 年以来，共在 24 所学校创办了篮球训练基地，其中中学 12 所、小学 12 所，男队 17 支、女队 7 支。所有基地每年举行一次教学观摩比赛和训练检查比赛。

1987 年 4 月，国家教育委员会发布了《关于普通高校考试办理招收高水平运动员工作的通知》，确定了全国 51 所高校为试办包括篮球在内的 11 个大项的高水平运动队的试点学校，为高水平竞技篮球运动走入高校校园奠定了基础。中国大学生篮球协会成立于 1985 年 2 月，原名为“中国大学生篮球联合会”，后于 1990 年更名为“中国大学生篮球协会”。自此，高校的篮球运动有了更规范化的管理和协调。

随着学校篮球课余训练的普及、运动水平的提高，学生篮球竞赛日趋活跃，比赛逐步制度化、经常化。比赛规模包括国际性、全国性、地区性和校级比赛等多种形式。

（4）改革创新期（1998 年至今）：1998 年 3 月 19 日，首届中国大学生篮球联赛拉开了战幕，以体校、小学－中学－大学的新形式丰富了我国竞技篮球人才培养模式，促进了体育和教育的有机结合，创造了一种新的校园体育文化。

由中国大学生体育协会与中国篮球协会共同主办的中国大学生男子篮球超级联赛成立于 2004 年，是为提高全国大学生竞技体育运动水平而采取的一项重大举措，联赛以“体教结合培养高素质的大学生球员”为宗旨，通过展现校园文化不断提高国内高校篮球的竞技水平。众辉国际体育管理公司总经理、姚明的中方经纪人陆浩说：“大学生超级联赛有望成为中国的 NCAA。”与中国大学生篮球联赛不同，中国大学生男子篮球超级联赛的出现则带有明确的任务：为今后必须由国家教育部组队参加的“世界大学生运动会”输送人才，为各专业队直接输送人才。

2.CUBA——中国大学生篮球联赛

中国大学生篮球联赛（CUBA），是中国历史上第一个面向社会、高校的大学生专项运动联赛，在1996年由中国大学生篮球协会与杭州恒华（国际）集团有限公司联合推出。CUBA的建赛宗旨是：在社会化、产业化的运作模式下实现“发展高校篮球、培养篮球人才”的目标。

1997年2月～4月，国家教育委员会批准《CUBA组织办法》及在全国推行CUBA。中国篮球协会批准中国大学生篮球协会为中国篮球协会会员，同时国家体育总局将CUBA纳入1998年度全国竞赛计划。

1998年7月25日，首届CUBA北方赛区的决赛在天津财经学院揭幕，这标志着CUBA决赛阶段的比赛正式开始。1998年8月8日，首届CUBA南方赛区决赛在武汉冶金科技大学揭幕。1998年8月，武汉冶金科技大学获得首届CUBAB级组女子总冠军。1998年9月，西北大学获得首届CUBAB级组男子总冠军。

1999年9月，第二届CUBA预赛暨第六届大学生运动会基层选拔赛同期在全国各地全面展开。从第二届CUBA开始，联赛进行重大改革：取消A、B级分组，在全国34个省、市、自治区预赛的基础上，进行东南、西南、西北、东北四个分区比赛，由各赛区的男子前两名、女子第一名形成男子八强、女子四强赛，最后前两名进行总决赛。原A级队另设试点校联赛。

CUBA的内部机制日渐完善，CUBA组委会下设东南、西南、西北、东北四个赛区的分会，这更为CUBA长期稳定的发展奠定了扎实的基础。

篮球运动的功能

一、篮球运动的生理功能

篮球运动是力量、速度、耐力、灵敏、柔韧五大身体素质协同进行、共同作用的一项运动。在完成攻守对抗、突破、跳投等动作时需要力量素质和速度素质的支持，良好的耐力素质是运动员进行全场比赛的体能保障。另外，在瞬息万变的比赛中完成各种动作时，灵敏素质和柔韧素质也是必不可少的。所以篮球运动是一项全面提高五大身体素质的运动。篮球场上的所有运动都是在对抗阻力的情况下进行的，克服身体以外的阻力的素质被称为力量素质。力量素质是速度、耐力素质的基础，因此在体能界被称为“素质中的素质”，力量素质的具体分类如下图所示。

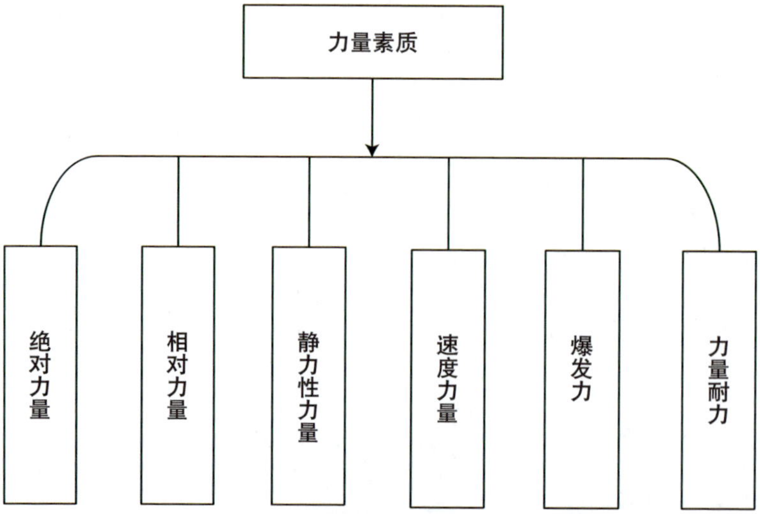

力量素质分类

在参与篮球运动时，由于运动强度大、能量代谢快，体温会迅速升高，导致大量出汗。随着汗液的排出，机体的水分和电解质会大量流失，缺水和缺少电解质容易使机体感到疲劳，甚至引起局部的肌肉痉挛。因此，在运动中及时补水显得尤为重要。在补充的液体中不但要含有易吸收的单糖，同时应该含有少量的无机盐等，水温不宜过低，每次补水的量不宜过大，这样有利于机体快速的吸收。反之，不但会稀释胃液，对肠胃有影响，还会加大心脏和肾脏的负担，延长恢复时间。

二、篮球运动的社会学功能

篮球运动具有自身的规律、特点和功能，与政治、经济、科技、文化等方面的发展紧密结合在一起。因此，篮球运动对人类社会的发展有着一定的辅助功能，主要表现为：教育功能、健身功能、文化娱乐功能和经济价值功能。

篮球比赛的紧张感、激烈感、对抗性使这项运动散发着独特的魅力，球迷们对于球星的欣赏和崇拜，使他们愿意花费时间、精力和金钱来支持自己所喜爱的球星。而一些国际性的比赛，还能够激发观众们的爱国主义情感。因为具有教育功能、健身功能和文化娱乐功能的特点，篮球运动成为了一项具有商业利益和经济价值的社会活动，如体育赛事的转播权。通过卫星电视的转播，几乎全世界能够观看到比赛，因而比赛就成为了一种商品被买卖，同时作为商品的比赛也成为了商家宣传的黄金媒介。据资料显示，夏季奥运会的电视转播费在 1980 年只有 9260 万美元，到了 2012 年美国全国广播公司（NBC）的转播收益达到了 12 亿美元。另外，体育活动能够带动经济发展，尤其是像 NBA 这样商业运作已经非常成熟的联赛，除了俱乐部的运作、高额的转会费、球员的薪资、经纪人的收益之外，在比赛门票、购买衍生商品、购买收费电视等方面都不断产生着巨大的经济效益。

第二章
篮球运动的场地、器材、服装与规则

场地和器材

一、篮球场地

国际篮球联合会规定的正式比赛场地为长 28 米、宽 15 米的长方形。球场的测量是从界线的内沿起始。

球场的界线要用相同颜色的（最好为白色）、宽度为 0.05 米的线条定界。球场长边的界线叫边线，短边为端线；接连两条边线的中点、平行于端线的线叫中线，中线向两条边线外侧各延长 0.15 米。罚球线是一条与端线平行、长 3.60 米的线，它的外沿距离端线内沿为 5.80 米，其中点必须落在连接两条端线中点的假想线上。罚球线向两边各延长 0.65 米，从该线两端各画一条垂直于端线的线（均从外延量起）所构成的地面区域叫限制区。如果限制区内着色，

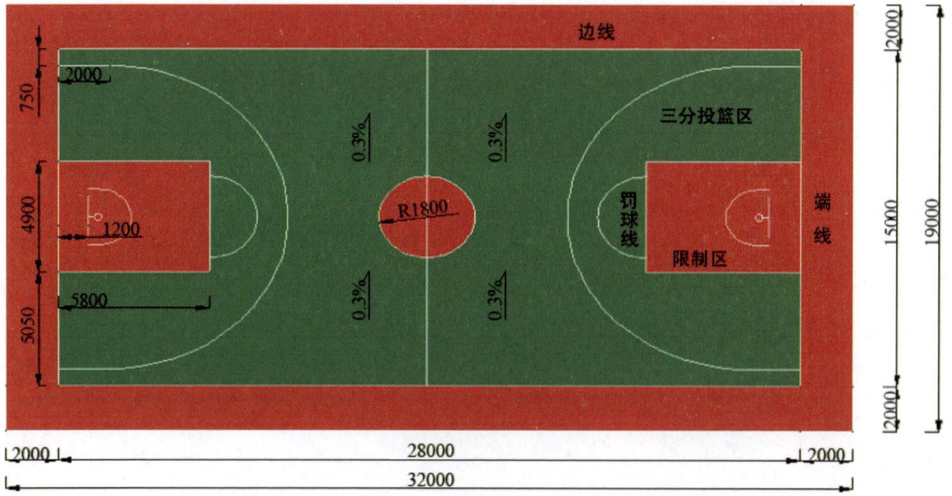

正式比赛场地大小（单位：毫米）

它的颜色必须与中圈内部着色相同。罚球区是限制区加上以罚球线中点为圆心、以 1.8 米为半径，向限制区外所画出的半圆区域。中圈位于球场中央，是以中线的中点为圆心、以 1.8 米为半径画成的（从外沿丈量）。如果在中圈内部着色，它的颜色必须与限制区内部着色相同。某队的 3 分投篮区是除对方球篮附近被以下条件限制出的区域之外的整个比赛场地区域，这些条件包括：分别距边线 0.9 米，从端线引两条平行线；半径为 6.75 米（量至圆弧外沿）的圆弧（半圆）与两条平行线相交；该圆弧的圆心要在对方球篮的中心垂直线与地面的交点上，圆心距端线内沿中点的距离为 1.575 米。

二、篮球设备与器材

篮球架可用金属或木料制成，立于场外，有固定和移动两种，都必须把栏架牢牢固定在地板上。篮球架支柱的前面（包括包扎物）距端线外沿至少 2 米。其颜色鲜明，并与端线后面的背景有明显的区别。

篮板最好用适宜的透明材料制成，尺寸为横宽 1.80 米（±3 厘米）、竖高 1.05 米（±2 厘米）、下沿距地面 2.90 米。篮板的前面必须平整。篮板四周的边沿应画出 0.05 米宽的线条，如果篮板是透明的，则画白线；若不透明，则画黑线。在篮圈后面的篮板上画出一长方形，横宽 0.59 米，竖高 0.45 米（从外沿量起），线宽 0.05 米，此长方形宽边的上沿要与篮圈水平面齐平。篮板应牢牢安置在球场的两端栏架上，与地面垂直，与端线平行。篮板前面的中心要垂直地落在球场上，该点距离端线内沿中点 1.20 米。

篮圈要用实心钢材制成，内径最小为 0.45 米，最大为 0.459 米，漆成橙色。篮圈内径最小为 0.016 米，最大为 0.020 米，圈的下沿设有系篮网的附加系统。篮圈顶面要成水平，距离地面 3.05 米，与篮板两垂直边的距离相等。篮板正面距离篮圈内沿的最近距离点为 0.15 米。

篮网使用白色细绳结成，悬挂在篮圈上。它的结构要能够使球穿过球篮时有暂时的停顿。篮网不短于 0.40 米，不

长于 0.45 米。篮网上部应是半硬状态的，要有 12 个小环作为与篮圈的连接物。

篮球是圆形的，为认可的橙色，按惯例它应有八瓣成型的镶片。球的外壳为皮革、橡胶或合成物。球面的接缝或槽的宽度不得超过 0.00635 米。7 号球（成年男子用球）的圆周为 0.749 ～ 0.780 米，重量为 567 ～ 650 克。6 号球（成年女子用球）的圆周 0.724 ～ 0.737 米，重量为 510 克～ 567 克。充气后，使球从 1.80 米的高度（从球底部量起）落到球场的地面上，反弹起来的高度不得低于 1.20 米，也不得高于 1.40 米（从球的顶部量起）。

服装的选择

对进行篮球运动时的着装要求并不苛刻，虽然篮球运动有专业的准备活动服、运动服以及比赛服，但普通的篮球运动爱好者只需身着较为宽松、有弹性的服装即可，裤子最好选择宽腿裤。值得注意的是，着装的搭配应该根据天气情况而定。若天气比较寒冷建议穿较厚的运动服做准备活动，当热身结束后，再脱去较厚的衣服，穿上相对轻便的 T 恤和短裤。如果身着短装感觉寒冷，可以在短裤和 T 恤内穿上篮球专用的紧身衣和紧身裤保暖。

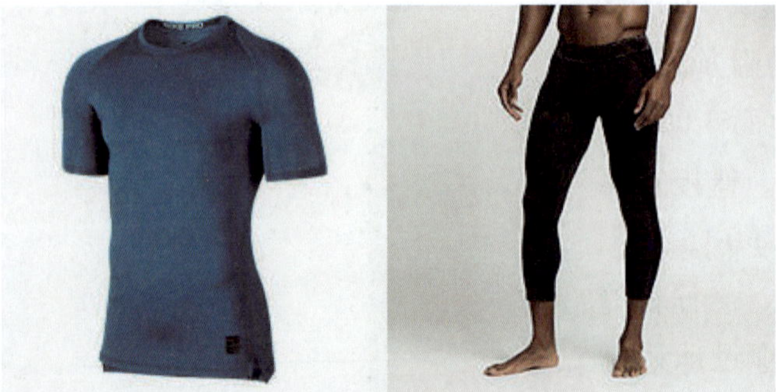

篮球专用紧身衣裤

相对于服装而言，鞋的选择则更为重要。因为篮球是一项对抗激烈、奔跑和跳跃动作都较多的运动，如果鞋的选择不慎重，很容易造成身体各个部位的慢性或急性的运动损伤。首先，进行篮球运动应该选择一双专业的篮球鞋，切忌穿跑步鞋、网球鞋等其他运动项目的鞋来进行篮球运动。其次，如果身体未有运动损伤史，可以随意选择自己喜欢的篮球鞋，但如果运动者的下肢力量较弱或者有过踝关节损伤，建议选择高帮的篮球鞋以保护运动过程中踝关节不再受到损伤。最后，可根据运动的场地来选择篮球鞋，木板、塑胶和水泥场地对篮球鞋的要求是不同的，具体要根据鞋的功能而定。

篮球运动的护具种类有很多，护腰、护膝、护指、护腕等，保护的位置也很全面，上至眼睛和牙齿，下至脚趾和踝关节。护具的主要作用是预防损伤，当参与者感觉到某个关节不适的时候，可以根据医嘱选择合适的护具。如果身体状况良好，建议不要长时间佩戴护具，会使关节对护具产生依赖。

篮球运动的基本规则

一、比赛时间

篮球比赛由 4 节组成，每节 10 分钟。4 节结束后，如果双方打平，则再继续进行一个或者几个 5 分钟的决胜期，直至双方决出胜负为止。

第 1、2 节之间，第 3、4 节之间以及每一决胜期之间休息 2 分钟；第 2、3 节之间为中场休息，休息 15 分钟。

二、比赛的开始与结束

跳球时，当球离开主裁判员的手则第一节开始。所有其他节比赛，当掷球入界队员可处理球时，该节开始。

在每一节或决胜期的比赛时间终了时，计时钟停表，计时员会发出比赛结束的信号。在预定比赛开始 15 分钟后，一个队未能使 5 名队员上场，该队被判弃权，比赛即结束。在比赛中，一个队因各种原因而在场上少于2名队员时，该队被判告负，比赛即结束。

三、暂停和换人

在第一半时（即上半场）的任何时间，每个队可有 2 次暂停机会。在第二半时（即下半场）每个队可有3次暂停机会，比赛最后2分钟最多2次暂停。每一决胜期可有 1 次暂停机会。每次暂停时间为 1 分钟。

在比赛中，场下的替补队员可以替换场上的队员，替换无人数和次数限制。

四、球中篮

比赛中，当球从上方进入球篮并保持球在球篮中或穿过球篮是球中篮。球已进入对方的球篮，对投篮的队按如下规则计算得分：一次罚球出手中篮计 1 分；从 2 分投篮区域出手中篮计 2 分；从 3 分投篮区域出手中篮计 3 分。

五、违例

违例就是违反规则的行为，主要包括队员出界和球出界违例、运球违例、带球走违例、违反时间规则违例、球回后场违例、干涉得分和干扰球违例、拳击球与脚踢球违例、掷球入界违例、罚球违例等。

第三章

篮球运动的准备及放松活动

准备活动

在篮球运动中，正确的准备活动顺序应该是一般性热身、伸展运动和专项移动热身。一般性热身基本上采用快走、慢跑等方式，下文主要介绍伸展运动和专项移动热身。伸展运动的目的是在一定的时间内帮助关节加大活动范围，专项移动热身一方面是为了动员机体的各种运动功能，另一方面是结合篮球专项特点做充分的身体准备。总之，在进行运动之前运动者应该做好各种准备，包括思想准备。伸展运动和专项移动热身的方式有很多，这里介绍几种供大家参考。

一、伸展运动

伸展运动分为原地动力性拉伸和行进间动力性拉伸。拉伸顺序应该是从躯干开始，慢慢过渡到下肢和上肢。

1. 原地动力性拉伸

（1）拉伸动作 1：

【拉伸部位】大腿后肌群、内收肌、竖脊肌和臀肌。

【拉伸次数】10 ～ 15 次。

【拉伸幅度】幅度由小至大，循序渐进，换腿重复拉伸。

（2）拉伸动作 2：

【拉伸部位】大腿后肌群、股内收肌、竖脊肌和臀肌。

【拉伸次数】10 ～ 15 次。

【拉伸幅度】幅度由小至大，循序渐进。

（3）拉伸动作 3：

【拉伸部位】大腿后肌群和腹股沟。

【拉伸次数】10 ~ 15 次。

【拉伸幅度】幅度由小至大，循序渐进，换腿重复拉伸。

(4) 拉伸动作 4：

【拉伸部位】髂腰肌、股直肌。

【拉伸次数】10 ~ 15 次。

【拉伸幅度】幅度由小至大，循序渐进，换腿重复拉伸。

原地动力性拉伸动作 1

原地动力性拉伸动作 2

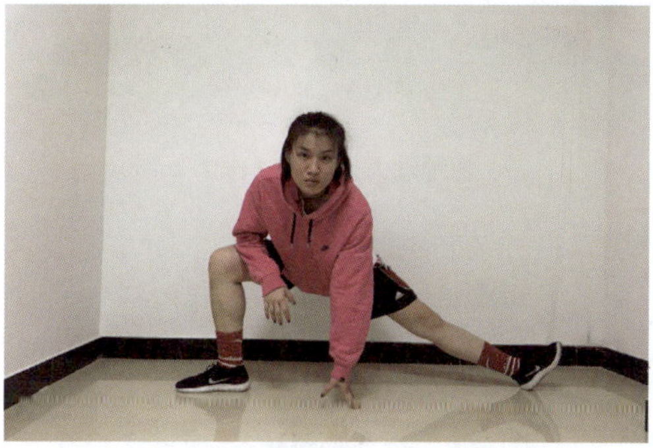

原地动力性拉伸动作 3

原地动力性拉伸动作 4

(5) 拉伸动作 5：

【拉伸部位】阔筋膜张肌、大腿后肌群、竖脊肌和臀肌。

【拉伸次数】10 ~ 15 次。

【拉伸幅度】幅度由小至大，循序渐进。

(6) 拉伸动作 6：

【拉伸部位】腹肌、竖脊肌和臀肌。

【拉伸次数】10 次，每次静态保持 5 秒。

【拉伸幅度】由较小幅度到静态保持，换腿重复拉伸。

(7) 拉伸动作 7：

【拉伸部位】股内收肌。

【拉伸次数】10 ~ 15 次。

【拉伸幅度】幅度由小至大，循序渐进，换腿重复拉伸。

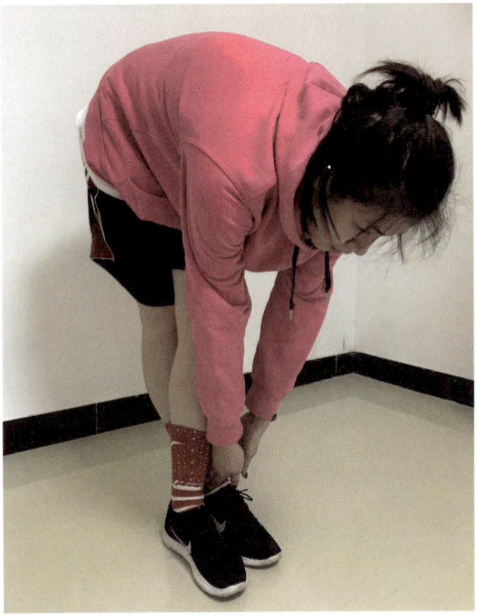

原地动力性拉伸动作 5

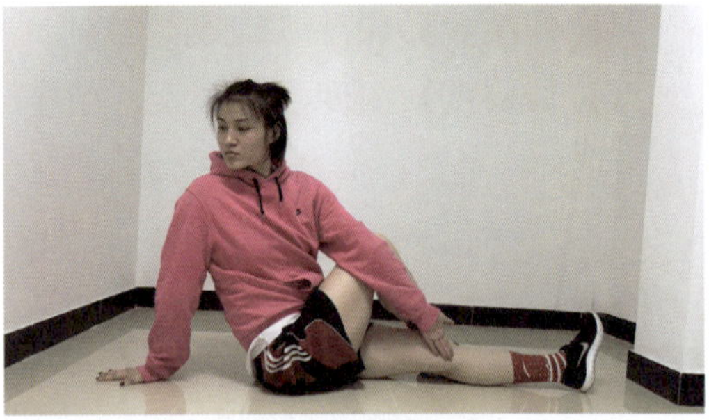

原地动力性拉伸动作 6

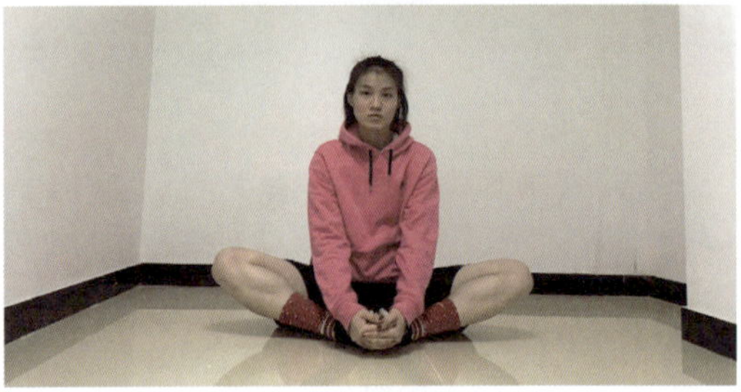

原地动力性拉伸动作 7

(8) 拉伸动作 8：

【拉伸部位】竖脊肌和臀肌。

【拉伸次数】10 次，每次静态保持 5 秒。

【拉伸幅度】由较小幅度到静态保持，换腿重复拉伸。

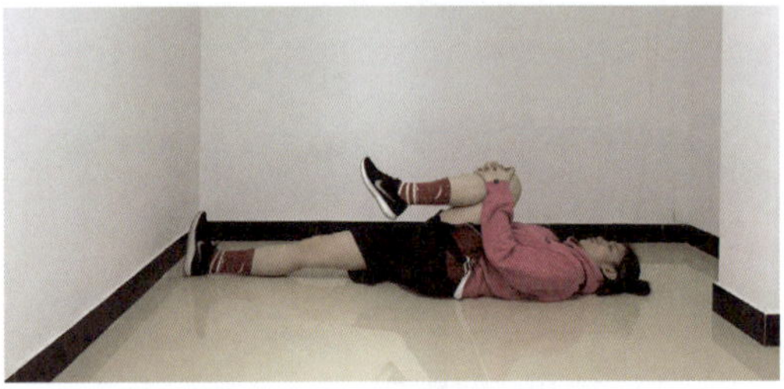

原地动力性拉伸动作 8

(9) 拉伸动作 9：

【拉伸部位】大腿后肌群、腓肠肌和部分臀肌。

【拉伸次数】10 ~ 15 次。

【拉伸幅度】幅度由小至大，循序渐进，换腿重复拉伸。

原地动力性拉伸动作 9

（10）拉伸动作 10：

【拉伸部位】梨状肌、臀肌和阔筋膜张肌。

【拉伸次数】10 ~ 15 次。

【拉伸幅度】幅度由小至大，循序渐进，换腿重复拉伸。

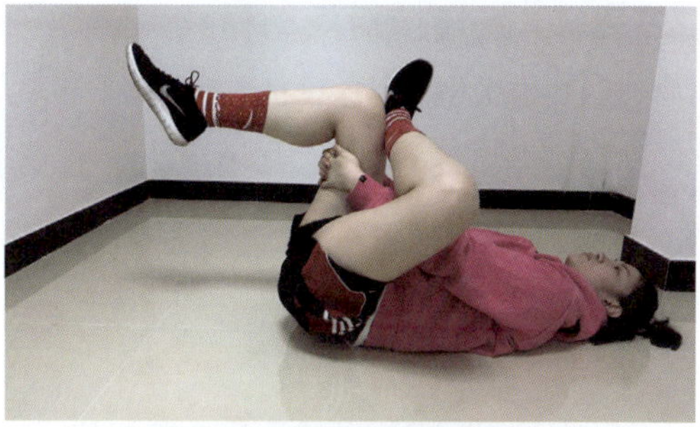

原地动力性拉伸动作 10

（11）拉伸动作 11：

【拉伸部位】臀肌、缝匠肌、腹肌、阔筋膜张肌和竖脊肌。

【拉伸次数】静态保持 15 秒。

【拉伸幅度】由缓慢转体到静态保持，换腿重复拉伸。

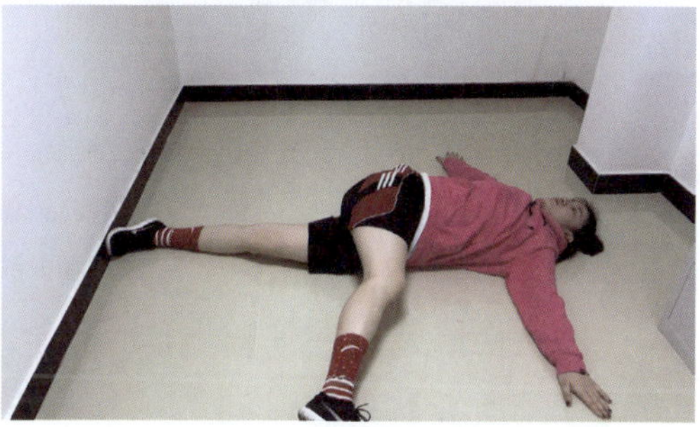

原地动力性拉伸动作 11

（12）拉伸动作 12：

【拉伸部位】直腿牵拉腓肠肌，屈腿牵拉比目鱼肌。

【拉伸次数】10 ~ 15 次。

【拉伸幅度】幅度由小至大，循序渐进，换腿重复拉伸。

（13）拉伸动作 13：

【拉伸部位】股四头肌、髂腰肌、胫骨前肌。

【拉伸次数】10 次，每次静态保持 5 秒。

【拉伸幅度】由较小幅度到静态保持，换腿重复拉伸。

原地动力性拉伸动作 12

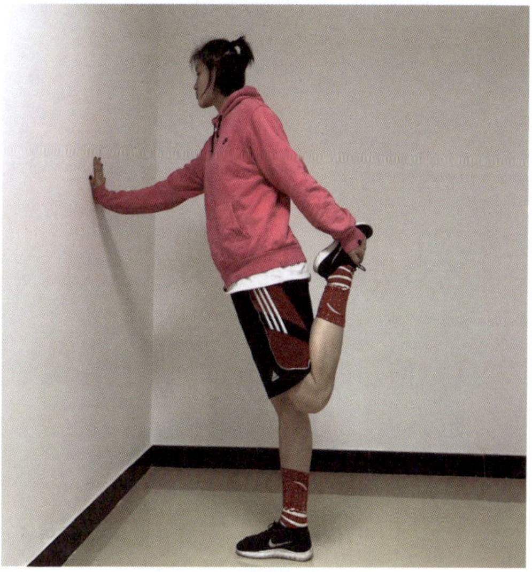

原地动力性拉伸动作 13

（14）扶墙前后摆动腿：

【摆动次数】10 ～ 15 次。

【摆动幅度】幅度由小至大，循序渐进，换腿重复练习。

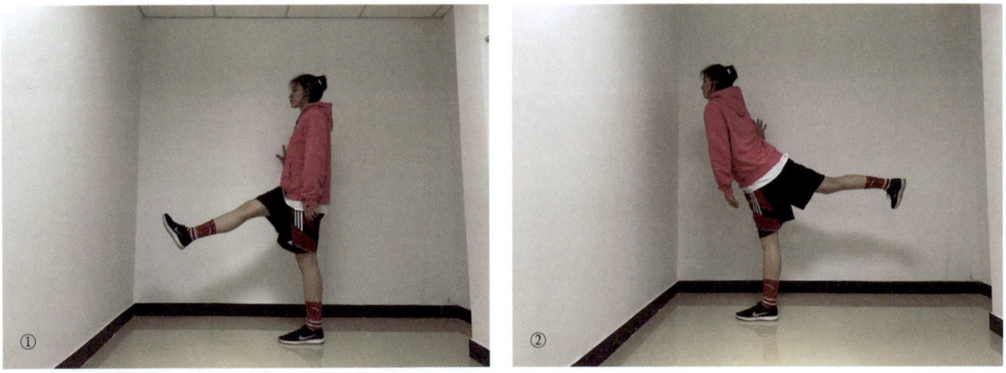

原地动力性拉伸动作 14

（15）扶墙左右摆动腿：

【摆动次数】10 ～ 15 次。

【摆动幅度】幅度由小至大，循序渐进，换腿重复练习。

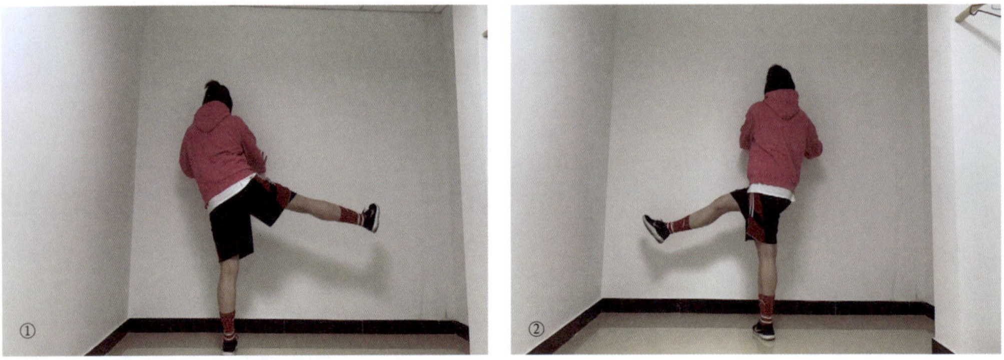

原地动力性拉伸动作 15

2. 行进间动力性拉伸

（1）拉伸动作 1：

【拉伸部位】胫骨前肌、脚趾关节、足弓。

【运动范围】篮球场半场，通常做到中场线，结合慢跑完成。

（2）拉伸动作 2：

【拉伸部位】腓肠肌、比目鱼肌。

【运动范围】篮球场半场，通常做到中场线，结合慢跑完成。

(3) 拉伸动作 3：

【拉伸部位】竖脊肌和臀肌。

【运动范围】篮球场全场（从一端线行进至另一端线）。

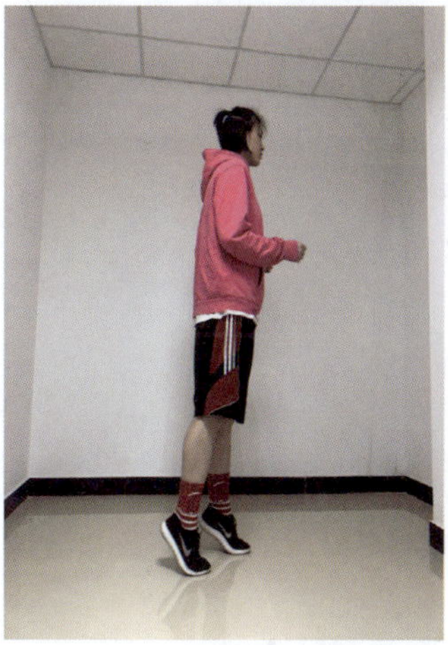

行进间动力性拉伸动作 1

行进间动力性拉伸动作 2

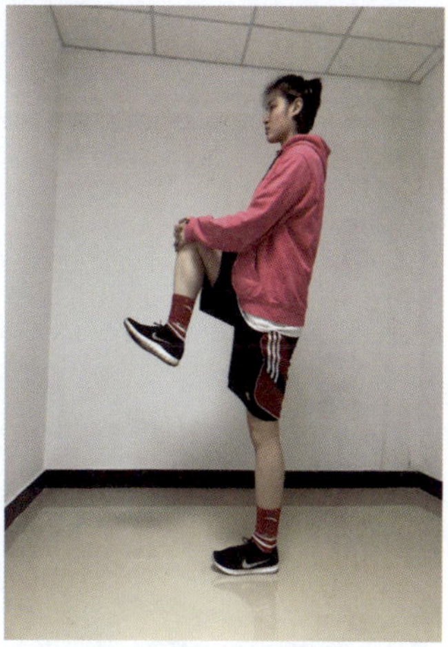

行进间动力性拉伸动作 3

(4) 拉伸动作 4：

【拉伸部位】下肢——大腿后群肌、臀肌、腓肠肌；躯干——竖脊肌、腹肌。

【运动范围】篮球场全场（从一端线行进至另一端线）。

行进间动力性拉伸动作 4

(5) 拉伸动作 5：

【运动范围】下肢——股内收肌；上肢——曲臂拉伸肩关节，直臂拉伸肘关节。

【运动范围】篮球场全场（从一端线行进至另一端线）。

(6) 拉伸动作 6：

【拉伸部位】下肢——股直肌；躯干——髂腰肌、竖脊肌、腹肌。

【运动范围】篮球场全场（从一端线行进至另一端线）。

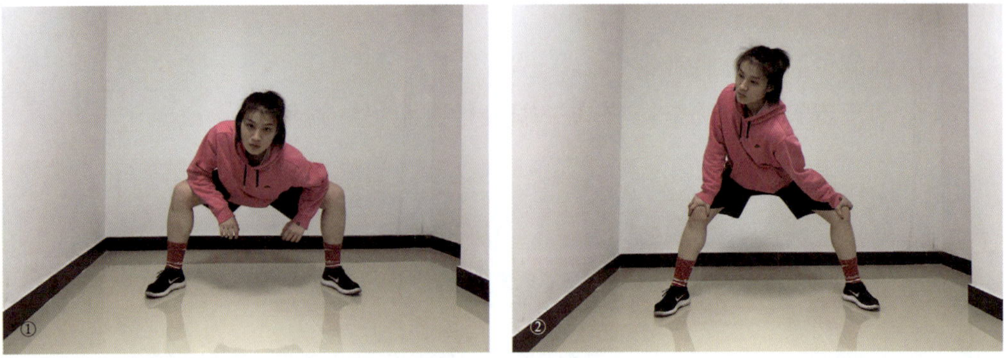

行进间动力性拉伸动作 5

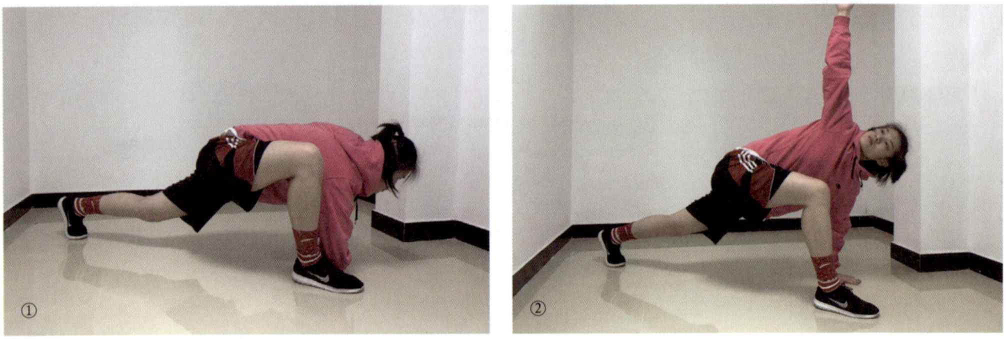

行进间动力性拉伸动作 6

3. 拉伸时的注意事项

（1）在进行伸展运动时，注意调整呼吸，尽量不要屏气，有规律地呼吸能够使肌肉在拉伸过程中慢慢放松下来。

（2）肌肉对于快速被牵拉的应激反应是收缩，所以在拉伸过程中动作不要过于激烈，动作要缓慢，动作幅度由小至大。

（3）在拉伸过程中要注意身体状况，针对有过损伤史的部位要特殊对待，拉伸幅度要更加缓慢，动作要准确，时间要稍长。

（4）在拉伸过程中正确的感觉是肌肉被拉长，如果有剧烈的疼痛感应该立即停止拉伸，因为剧烈的疼痛感是肌肉发出的停止信号，表示肌肉无法承受目前的牵拉力度。

二、专项移动热身

专项移动热身是准备活动的最后一个阶段。这个阶段的任务是通过篮球运动中的各种专项移动脚步，使人体机能顺利过渡到篮球运动当中。

1. 小步跑

身体正直，膝盖稍弯曲，移动中用前脚掌两脚快速交替蹬地。

2. 向前跑

屈膝收小腿，尽力用脚跟踢到臀部。

3. 侧身交叉步

侧向移动，依靠腰部带动髋关节，使双脚依次进行前后交叉移动。

4. 后退跑

前脚掌着地，保持身体平衡，注意跑动速度，步幅和步频由慢到快。

小步跑

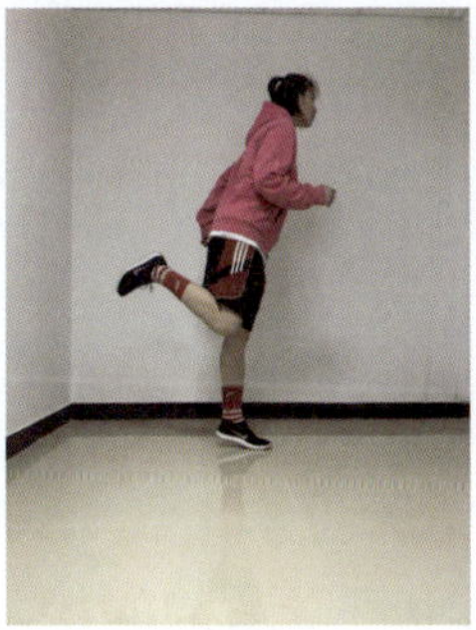

向前跑

侧身交叉跑

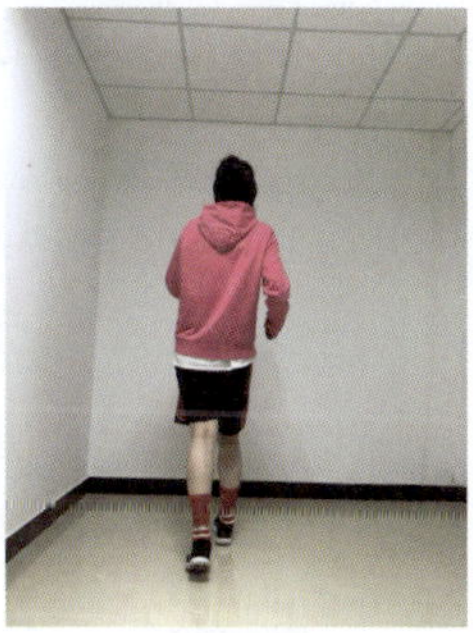

后退跑

5. 变向侧蹬跑

加速之后，依靠交叉步急停、变向。

6. 慢滑步

防守移动的主要方法，两脚平行分立，稍大于肩宽，膝关节屈 120° 左右，双手自然打开。向右移动时，左脚尽力去踩右脚的脚印，始终保持身体平衡和两脚之间的合适距离。

运动量及运动强度的控制

篮球运动的过程中运动者可以通过以下几种方式来掌握和控制合适的运动量。

一、自我感觉

在篮球运动中没有感觉到疲劳，第二天也未出现肌肉反应并且不觉得累，饮食和睡眠正常，那么在接下来的运动中可以适当的增加运动强度和运动时间。反之，运动结束后食欲不振、睡眠质量差，尤其是在第二天仍然感到疲惫不堪，那在接下来的运动中就要适当地减少运动强度和运动时间。如果出现心悸、头痛、恶心，甚至血尿或者尿蛋白的状况，那么必须停止原有的运动，修养一段时间。

二、心率

心率不仅是监控运动强度的重要生理指标，也是判断疲劳的重要指标之一。在运动时，如果心率达到 160 ～ 190 次 / 分钟，说明运动强度非常大，如此大的运动强度不适合普通的运动者，尤其是年龄较大的运动者。若进行篮球运动仅以锻炼身体为目的，那么最大心率控制在 110 ～ 160 次 / 分钟为宜，60 岁以上的运动者控制在 110 次 / 分钟左右比较合适。另外，经过一段时间的运动之后，每天早上起床后可测量一下晨脉，如果晨脉的次数保持稳定，说明身体机能反应良好；如果晨脉连续几日表现增高趋势，则可能是运动量过大引起的，应适当减小运动量后继续观察晨脉情况。

三、体重的变化

如果是以减肥为目的的运动者，在一段时间的适宜运动后体重会轻微下降，伴随饮食的控制，体重下降的速度会相对加快。但是，合适的降重速度应该是每周下降的重量不超过 2 千克，体重下降过快意味着运动负荷可能过大，或是饮食控制不合理。普通健身者在一段时间的运动后，体重应该是保持恒定的，稳定保持与身高相适宜的标准体重是健康的重要标志之一。

四、体成分的变化

体重是体成分变化的一个观察指标，运动前和运动后的体重应没有明显变化，如果运动后体重减轻 1 千克以上，说明体内严重缺水。严重缺水不但容易造成疲劳，达不到健身的效果，更会对身体造成损害。另外，在运动中适量地出汗是正常的运动表现，但大量出汗、衣服湿透，有可能是过度疲劳引起的，甚至有可能是身体状况不佳的危险信号，应引起重视。体成分变化的另一个观察指标是肌肉和体脂率，正确的运动负荷会使肌肉含量逐步增高，体脂率逐步降低；反之，则需要慎重思考自己的运动方式是否正确。

五、经期的运动量控制

女性运动者在经期也可以参加篮球运动，有研究证明，经期坚持适当的运动有利于女性的身体健康。但值得注意的是，在特殊的生理期进行运动，应该注意控制运动时间和运动强度。首先运动强度不宜过大，不要进行激烈的对抗比赛，可选择运球、投篮等运动强度相对较小的方式锻炼身体。其次，运动时间不宜过长，以 1 ~ 1.5 小时为宜。最后，在生理期内，女性的免疫力会相对降低，在运动时要注意卫生状况。

六、篮球运动中的能量补充

供应人体能量的三大营养物质是糖、蛋白质和脂肪，但根据人体能量供应的规律，三大营养物质不会同时被动员。在运动初期，人体以糖类为主要能源，只有长时间的运动，才会将脂肪和蛋白质转化为能量，所以运动中最先缺失的营养物质是水和糖类。补充水的原则是次数多、量小、水温适宜。因为，当参与者在运动时感到口渴了，这说明身体已经进入了极度缺水的状态。

在运动过程中，随着体能的消耗，人体需要及时地补充糖类和矿物质，保证机体的电解质平衡。糖类是人体在运动中保证肌肉正常、有效工作的主要供能物质。除了运动前摄入一定的糖类以保证体内糖原储备外，在经过长时间的运动后，当体内糖原不足时，应该及时补充单一糖类来确保能量供应。运动时人体所需磷、铁、钠、钾等矿物质可以通过食盐或者香蕉来补充。上述这些营养物质可以在补水的过程中，作为饮料摄入体内。其他人体所需的钙、铁、镁等矿物质可以在平常的饮食过程中与蛋白质、脂肪和维生素一起摄入。

七、运动结束后的肌肉拉伸和放松

运动结束后进行 10 ～ 15 分钟的整理活动，有助于运动后的机体恢复。慢跑和拉伸能够帮助肌肉代谢血液中的乳酸，排出废物，同时加快营养物质迅速进入肌肉和血液的时间。从科学训练的角度来看，准备活动和放松运动是同等重要的。这里介绍的肌肉拉伸有两种，一种是前文准备活动介绍过的主动拉伸，不同的是放松活动将动力性拉伸改为静力性拉伸，每个动作持续 10 ～ 15 秒。另一种是被动拉伸，需要由一名同伴协助进行。下面介绍几种被动拉伸供大家参考。

1. 拉伸动作 1

【拉伸部位】大腿后肌群、股内收肌、竖脊肌和臀肌。

【拉伸时间】持续 10 ～ 15 秒。

2. 拉伸动作 2

【拉伸部位】大腿后肌群、腓肠肌和一部分臀肌。

【拉伸时间】持续 10 ～ 15 秒。

3. 拉伸动作 3

【拉伸部位】竖脊肌和臀肌。

【拉伸时间】持续 10 ～ 15 秒。

被动拉伸动作 1

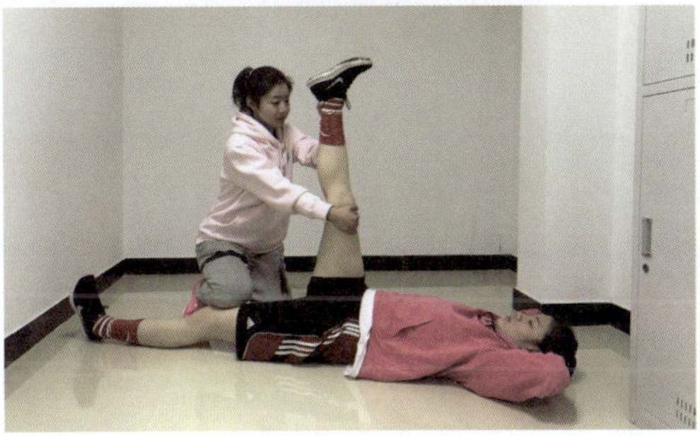

被动拉伸动作 2

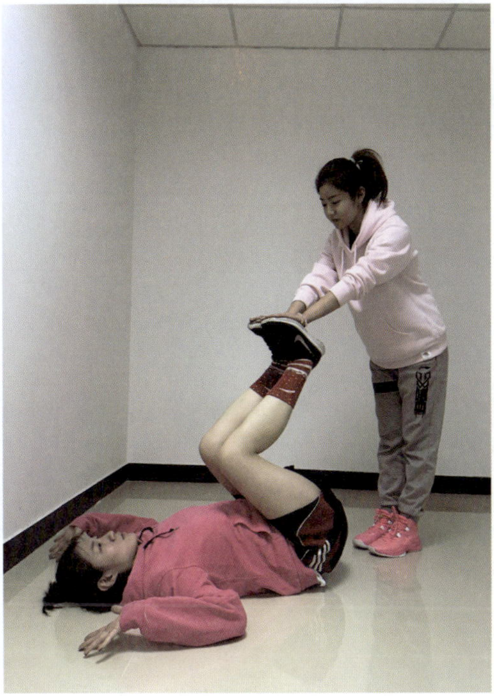

被动拉伸动作 3

4. 拉伸动作 4

【拉伸部位】梨状肌和臀肌。

【拉伸时间】持续 10 ～ 15 秒。

5. 拉伸动作 5

【拉伸部位】股内收肌。

【拉伸时间】持续 10 ～ 15 秒。

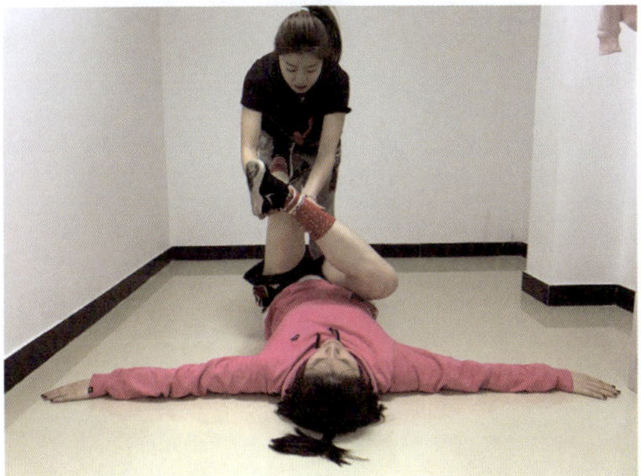

被动拉伸动作 4

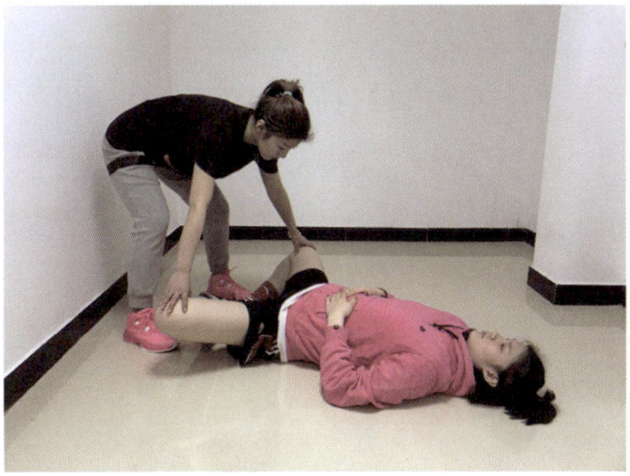

被动拉伸动作 5

6. 拉伸动作 6

【拉伸部位】竖脊肌和臀肌。

【拉伸时间】持续 10 ～ 15 秒。

7. 拉伸动作 7

【拉伸部位】阔筋膜张肌、臀肌和大腿后群肌。

【拉伸时间】持续 10 ～ 15 秒。

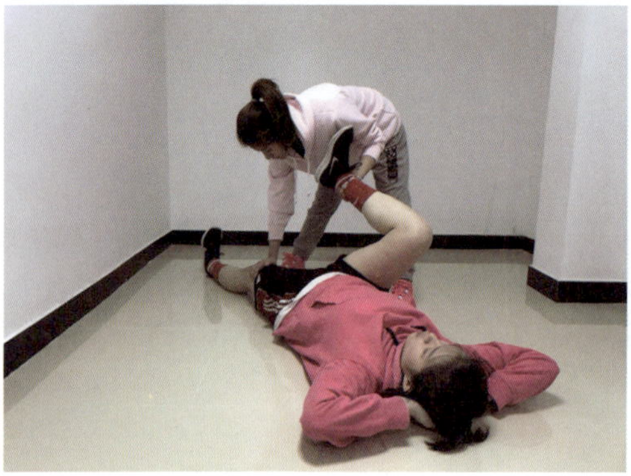

被动拉伸动作 6

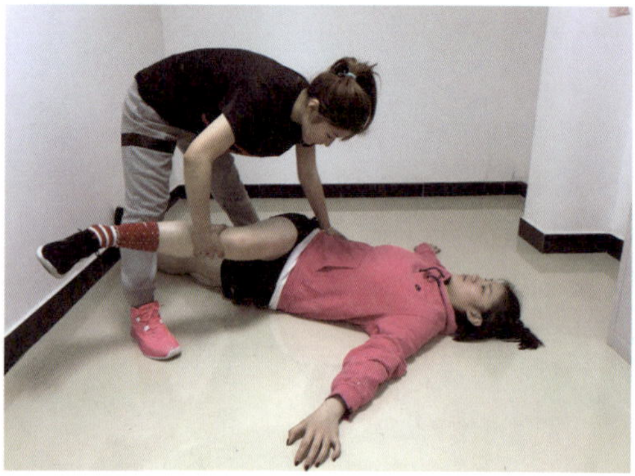

被动拉伸动作 7

8. 拉伸动作 8

【拉伸部位】竖脊肌、阔筋膜张肌、腹肌和臀肌。

【拉伸时间】持续 10 ～ 15 秒。

9. 拉伸动作 9

【拉伸部位】股四头肌、髂腰肌和股直肌。

【拉伸时间】持续 10 ～ 15 秒。

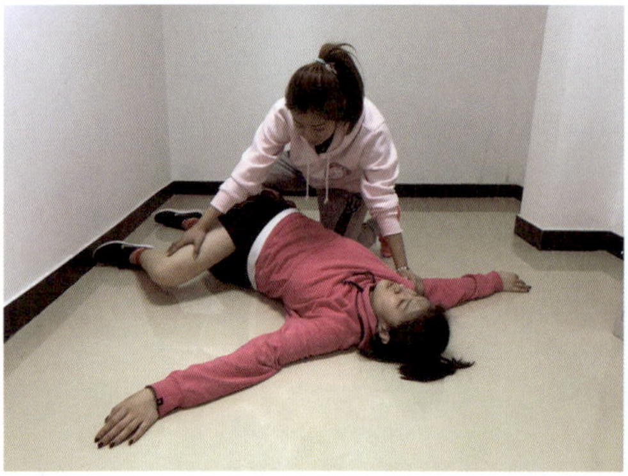

被动拉伸动作 8

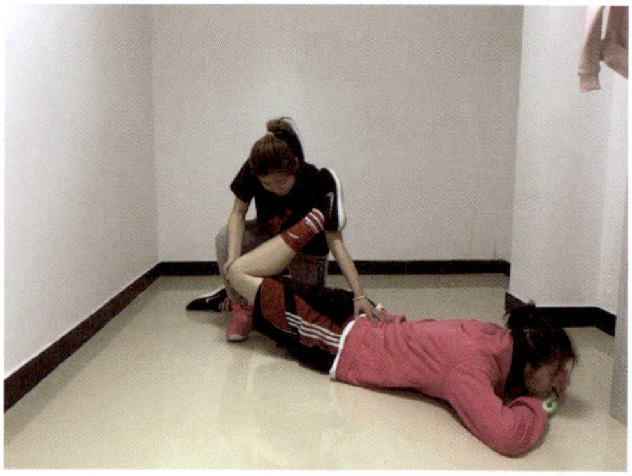

被动拉伸动作 9

10. 拉伸动作 10

【拉伸部位】胸大肌、前三角肌。

【拉伸时间】持续 10 ~ 15 秒。

11. 拉伸动作 11

【拉伸部位】胸大肌、前三角肌和肱二头肌。

【拉伸时间】持续 10 ~ 15 秒。

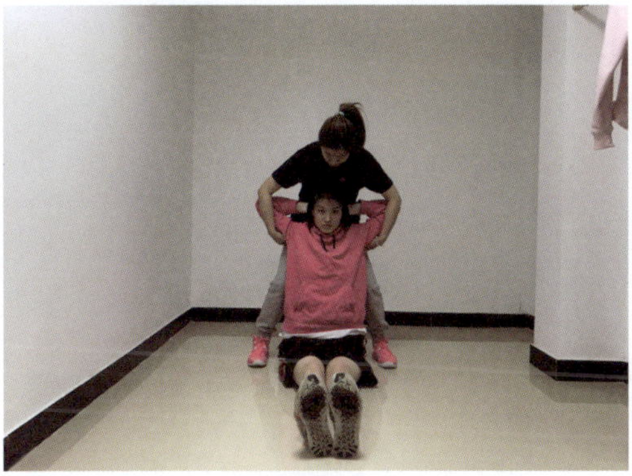

被动拉伸动作 10

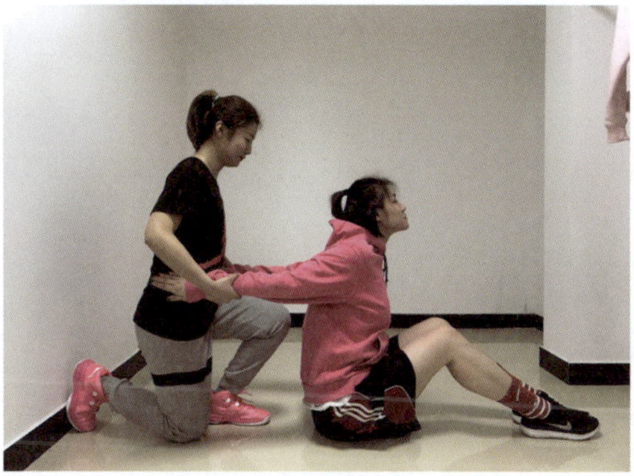

被动拉伸动作 11

12. 静力性拉伸时的注意事项

（1）在拉伸的过程中不要屏气，要有规律地呼吸，特别是在拉伸保持阶段，呼吸能够使肌肉慢慢放松下来。

（2）在拉伸过程中要注意身体状况，针对曾经有过损伤史的部位要特殊对待，动作要标准，幅度不宜过大。

（3）在拉伸过程中正确的感觉是肌肉被拉长，如果有剧烈的疼痛感应该立即停止拉伸，因为剧烈的疼痛感是肌肉发出的停止信号，表示肌肉无法承担目前的牵拉力度。

（4）运动后放松过程中的伸展运动更易于增加关节的活动范围。

第四章
篮球运动的技术与战术

球性练习

球性练习是所有球类项目训练必不可少的基本练习，通过球性练习可以提高练习者对篮球运动的感性认识。它通常有以下几种类型。

一、原地持球球性练习

此类练习包括压腕拨指、三环绕球、腋下“8”字绕球、前后抛接、十字振臂、左右转体、腹背牵引、胯下“8”字绕球、胯下“8”字滚球。

基本持球动作

二、原地运球球性练习

此类练习包括体前左右变向运球（双手）、体前左右变向运球（单手）、背后左右变向运球、体侧前后变向运球、胯下原地左右变向运球、胯下前后换腿原地变向运球、胯下“8”字运球、胯下前后快速拍球。

三、行进间球性练习及其他练习

此类练习包括行进间弓步胯下变向运球、行进间变向绕球、对墙快速拍球。

行进间弓步胯下变向运球

行进间变向绕球

基本技术

一、移动

移动是篮球技术的基础。队员在场上几乎所有时间都在动态条件下运用技术动作完成攻守任务。队员为了在场上争取主动，需要采取改变位置、方向、速度和争取高度等移动方法，为了支配球、投篮、争夺球，也需要移动技术的配合。基本的移动方法有：起动，跑（变速跑、变向跑、侧身跑、后退跑），跳（双脚起跳、单脚起跳），急停（跨步急停、跳步急停），转身（前转身、后转身），跨步，滑步（侧滑步，前滑步，后滑步，滑跳步），碎步，后撤步，攻击步，绕步。移动也可以分为有球移动和无球移动。

二、运球

1. 定义

原地运球

有球队员在原地或移动中，用单手连续按拍由地面反弹起来的球，叫运球。运球是篮球比赛中个人进攻的重要技术。它不仅是个人攻击的有力手段，而且是组织全队进攻战术配合的桥梁。有目的地运球可以突破防守、发动进攻、调整位置、寻找有利时机进行传球和投篮，是进攻的有力武器；而盲目地运球会贻误时机，造成被动。

2. 技术环节

运球动作是由身体姿势、手臂动作、球的落点、手脚协调配合四个环节组成。

（1）身体姿势：运球时应保持两脚前后自然开立，两膝微屈，上体稍前倾，头抬起，眼睛平视。非运球手臂屈肘抬平，以保护球。脚步动作的幅度和下肢各关节的屈度随运球速度和高度的不同而有所变化。

(2) 手臂动作：运球时，五指张开，用手指和指根以上部位及手掌的外缘触球，掌心不触球。低运球时，主要以腕关节为轴，用手腕、手指的力量运球；身前高运球和变向高运球时，主要以肘关节为轴，用前臂和腕、指的力量运球；体侧或侧后的提拉式高运球主要以肩关节为轴，用上臂、前臂、腕、指的力量运球。拍按球时，手应随球上下迎送，尽量延长控制球的时间，这样有利于保护球和根据场上情况改变动作。拍按球的部位是由运球的方向和速度来决定的。拍按球的部位不同，使运球的入射角和球反弹起来的反射角也有所不同。原地运球时，拍按球的上方。向前运球时，拍按球的后上方。

(3) 球的落点：运球时应控制球的落点，不仅使球完全保持在自己所能控制的范围内，以便随时利用自己的躯干、臂、腿来保护球，而且也要便于技术运用。例如，运球向前推进无防守时，球的落点应控制在身体的侧前方，并根据推进速度保持适当距离。在对手紧逼防守时，应使球远离对手，采用侧对防守的运球方法，将球的落点控制在身体的侧后方，以便更好地保护球和及时抓住时机变换运球方法，突破防守。

(4) 手脚协调配合：运球时既要使移动速度和运球速度协调一致，又要保持合理的动作节奏。能否保持脚步动作和手部动作协调一致，关键在于按拍球的部位、落点的选择和力量大小的运用。脚步移动越快，拍按球的部位越靠后下方，落点越远，拍按球及反弹起来的力量越大。运球时，手拍按球和脚步动作要保持一定的比例关系和节奏。直线运球，一般拍一次球跑两步。

3. 基本运球动作的分类

(1) 高运球：运球时，球反弹的高度在腰、胸之间。它是在没有防守队员阻挠情况下，为了加快向前推进的速度或在进攻中调整进攻速度和攻击位置时，所采用的一种运球方法。

【动作方法】上体稍前倾，抬头看前方，以肘关节为轴，用手拍按球的后上方，把球的落点控制在身体侧前方。手脚协调配合，使球有节奏地向前运行。

【动作关键】手拍按球的部位正确，手脚协调配合。

（2）低运球：运球时，球反弹的高度在膝关节以下。当受到对手紧逼或接近防守队员时，常采用这种运球方法保护球和摆脱防守。

【动作方法】两膝迅速弯曲，重心降低，抬头看前方，上体前倾，靠近防守队员一侧，用上体和腿保护球。同时，用手腕、手指力量短促地拍按球，以便更好地控制球和摆脱防守，继续前进。

【动作关键】两膝迅速弯曲，降低重心，上体前倾；拍按球短促有力，手脚协调配合。

（3）运球急停急起：运球急停急起是运球时利用速度的突然变化来摆脱防守的一种方法。多用在对手防守较紧的情况下，在快速运球中突然停止前进，迫使防守队员被动减速停住，趁其重心不稳时，再突然加速起动运球，摆脱防守。

运球急停急起

【动作方法】运球急停时，用手快速拍按球的前上方，同时两脚做跨步急停，并转入低运球，用臂、上体和腿保护球。运球急起时，后脚用力蹬地，同时拍按球的后上方加速超越对手。

【动作关键】拍按球部位正确。停得稳，起得快。

（4）体前变向换手运球：体前变向换手运球是运球队员利用突然改变运球方向来突破防守的一种运球方法。这种方法多在对手堵截运球前进路线时运用。

【动作方法】以运球队员右手运球向对手右侧突破为例。先向对手左侧快速运球，当对手向左侧移动堵截时，运球队员突然变向，用右手拍按球的右侧后上方，并靠近身体向左侧送拍球，使球落在身体的左侧前方反弹，右脚迅速向左侧前方跨出，上体左转并前倾探肩，换手拍按球的后上方，加速运球突破。

【动作关键】拍按球的部位、方向正确，同时要及时跨步、侧身护球和加速超越对手。

（5）运球转身：运球转身是运球队员被防守堵截运球的一侧并且距离较近时，运用后转身改变运球方向，借以突破防守的一种方法。

【运作方法】以右手运球为例。运球转身时，侧对防守，左脚在前做中枢脚，将球控制在身体右侧，右手按球的右侧上方，随着后转身右脚蹬地后撤的同时，将球拉向身体后侧方落地反弹，即换左手运球，从对手的右侧突破。

【动作关键】转身时要加力运球，以加大球的反弹力，增加手控制球的时间，利于拉引球动作的完成。运球转身时，使上臂紧贴躯干来减小球的转动半径，同时运球手臂提拉球的动作和脚的蹬地、跨步、转身动作应紧密结合。

三、传接球

1. 定义

传接球技术是篮球比赛中进攻队员之间有目的地传球的方法。它穿针引线般地把各项技术、各个队员连为一体，是比赛中运用最多的一项技术。

传接球的好坏，直接影响着战术质量的高低。比赛中为了给同伴创造有力的得分机会，队员之间要组织各种战术配合。但这些配合，不管设计得多么巧妙，最后如果没有及时到位传接球，都将前功尽弃。

2. 基本技术环节

采用何种方式传球取决于实际情况。方式虽然不同，但有几点是一致的：所有的传球都是用手指完成，而不是用手掌。为控制球的速度、方向，手指应该尽可能地张开（但不能太僵硬），手腕要有灵活性。

3. 基本传接球动作

（1）双手胸前传球：是比赛中最基本、最常用的传球方法。

持球动作

【动作方法】双手持球的方法是两手手指自然分开、拇指相对成“八”字形，用指根以上部位持球，手心空出。两肘自然弯曲于体侧，将球置于胸腹之间，身体成基本站立姿势。传球时，在后脚蹬地、身体重心前移的同时前臂迅速向传球方向伸出，手指用力拨球将球传出。双手胸前传球可在原地和跑动中进行。跑动中的双手胸前接球和传球是一个连贯的动作。

【动作关键】双手手腕前屈，手指用力拨球和抖腕。

传球还包括双手击地传球、单手肩上传球、双手头上传球、单手体侧传球等。

双手胸前传球

（2）接球：接球质量直接关系到下一个进攻动作的实施，因此接球动作是不同进攻动作之间的重要衔接。

双手胸前传接球

【动作方法】双手接球，两眼注视来球，手指自然分开，两拇指相对呈“八”字形，两手成半圆形（球形）。

【动作关键】来球前，主动伸臂迎球，肩臂腕指放松。接球时，指端先触球，同时两臂随球后屈，缓冲来球力量，并做好衔接下一动作的准备姿势。

四、投篮

1. 定义

投篮是进攻队员将球投入对方球篮而采用的各种专门技术动作的总称，是篮球比赛中唯一的得分手段。

2. 基本技术环节

投篮技术包括持球方法、瞄篮点、协调用力、出手角度、出手速度、球的旋转、投篮弧线和入筐角度等几个环节。

3. 基本投篮动作

投篮可分为原地投篮和行进间投篮，本书主要介绍常用的原地单手肩上投篮、行进间低手投篮、行进间高手投篮和跳投。

（1）原地单手肩上投篮：是最基本的投篮方法，它是行进间投篮和跳起投篮技术的基础，是比赛中最常用的投篮方法。

原地单手肩上投篮

【动作方法】以右手为例，双脚原地开立与肩同宽，右脚稍前，身体重心落在两脚之间，屈肘，手腕后仰，掌心向上，五指自然张开，持球于右眼前上方，左手扶球侧，两膝微屈，上体放松并稍后倾，目视瞄篮点。投篮时下肢蹬地发力，腰腹伸展，抬肘伸前臂，手腕前屈带动手指拨球，最后通过食指和中指柔和发力将球投出，球离手后右臂应有自然跟随动作。

原地单手肩上投篮

【动作关键】上下肢协调用力，蹬伸，展腰，曲腕，手指柔和拨球。

（2）行进间低手投篮：多在快速跑动中超越对手并接近篮下时运用，具有速度快、伸展距离远的特点。

【动作方法】以右手为例，行进间右脚跨出一大步的同时双手持球，并用身体保护球，接着左脚迈出一小步同时用力蹬地起跳，随之充分伸展身体，右臂外旋伸直向篮圈方向举球，手心向上，当举球手接近篮圈时，做以中间三指为主的向上拨球动作，使球通过指端投出。

【动作关键】起跳后身体充分伸展，举球上挑时手指、手腕动作柔和。

（3）行进间高手投篮：是比赛中广泛应用的一种投篮方法。一般多在快攻或突破时运用。

【动作方法】以右手为例，持球起步或接球时，右脚向投篮方向跨出一大步，然后左脚向前跨出一小步，脚跟先着地，上体稍后仰，并用力蹬地起跳，右腿屈膝，左脚蹬离地面。同时双手向前上方举球，腾空后，投篮动作和原地单手肩上投篮动作一样，投篮出手后，两脚同时落地，两腿弯曲，以缓冲落地的力量。

【动作关键】随跑随投，快速突然蹬地上跳，举球伸臂。

（4）跳投：跳起投篮简称跳投，这里主要指跳起单手投篮，其出手动作与原地单手投篮动作基本相同，只是在动作结构上增加了起跳部分，投篮动作要在空中完成。

跳投

【动作方法】以右手投篮为例，双手持球于胸腹之间，两脚左右（或前后）开立，两膝微屈，身体重心落在两脚之间，上体放松，眼睛注视篮筐。起跳时两膝适当弯曲（两脚前后开立时也可以上一步再做此动作），接着前脚掌蹬地发力，向上迅速摆臂举球并起跳，双手举球于肩上或头上，左手扶球左侧。当身体升至最高点或接近最高点时，右臂向前上方伸展，同时突然发力屈腕，以中指、食指拨球，使球通过指端投出。

【动作关键】起跳充分，身体升至最高点时出手投篮。

五、持球突破

1. 定义

持球突破是持球队员运用脚步动作和运球技术快速超越对手的一项攻击性很强的技术。持球突破不仅能创造良好的个人攻击机会，而且能造成对方犯规，打乱对方的防守部署。持球突破若能巧妙地与投篮、传球假动作有机结合起来运用，能使进攻技术更加灵活、机动，富有攻击性。

2. 基本技术环节

持球突破技术动作主要由蹬跨、转体探肩、推放球和加速等几个环节所组成。

3. 基本持球突破动作

持球突破可分为交叉步运球突破和同侧步运球突破两种。

（1）交叉步运球突破：以右脚做中枢脚为例，突破时，两脚左右开立与肩同宽，两膝微屈，重心控制在两腿之间，持球于胸腹之间。突破时，左脚前脚掌内侧用力蹬地，同时上体右转探肩，贴近对手，球移至右手，左脚交叉步前跨抢位，同时向左脚左斜前方推放球，右脚用力蹬地跨步，加速超越对手。

（2）同侧步运球突破：以左脚做中枢脚为例，突破前，两脚左右开立稍大于肩宽，两膝微屈，重心控制在两腿之间，持球于胸腹前。突破时，右脚向右前方跨一大步，同时转体探肩，重心前移，右手放球于右脚侧前方，左脚迅速蹬地并向右前方跨出，加速运球超越对手。

【动作关键】蹬地快速，降低重心，加速突然。

基础配合

篮球战术是比赛中队员的个人技术的合理运用和全体队员的相互协调配合的组织形式与方法。

一、进攻基础配合

进攻战术基础配合是在篮球比赛中，进攻队员两三人之间有目的、有组织、相互协同配合行动的配合方法。

1. 传切

传切是进攻队员之间利用传球和切入技术所组成的简单配合，包括一传一切和空切配合。

切入队员首先要掌握切入时机，根据对方的防守情况，利用假动作摆脱，及时、快速切入篮下，并随时准备接球。传球队员要利用假动作吸引、牵制对手，并采用合理的传球方法及时、准确地将球传出。

(1) 一传一切配合：是持球队员传球后向篮下切入接回传球投篮。

【示例】⑤接球前做摆脱防守动作，④传球给⑤后先向下压贴近对手，同时注意观察⑤的情况，然后突然向右切入，切入时利用左肩贴住防守队员，身

篮球战术图

篮球运动中的战术是运球、传球、跑动、配合等技术的综合运用，为了清楚地表现出战术的设计与效果，经常会使用到战术图，尤其在教学或比赛中运用得更多。

在篮球运动的战术图中，有一些常用的符号：

———>：无球队员跑动路线　　- - - >：传球路线

〜〜〜>：运球路线　　—++—>：投篮

此外，还会用△和○分别代表防守队员与进攻队员，有时也会使用不同的颜色进行区分。本书中的战术图中，○代表防守队员，○则代表进攻队员。

体向球的方向侧转并准备接⑤回传球上篮。

（2）空切配合：就是无球的队员掌握时机，摆脱对手，切向防守空隙区域接球投篮或做其他进攻动作。

【示例】当 4 传球给⑤后，如④抢先向传球方向移动，采取错位防守，堵截有球一侧的切入路线时，④可立即从④的背后直线切入篮下接⑤传球上篮。

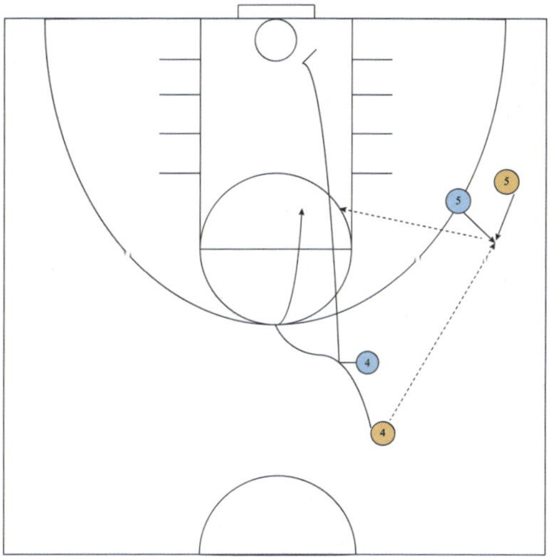

一传一切配合

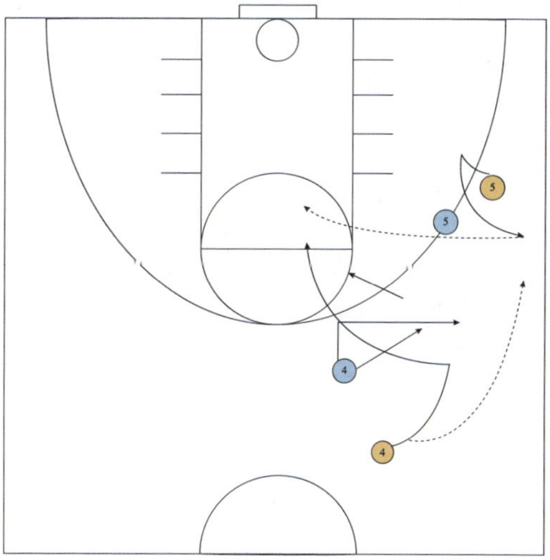

空切配合

2. 突分

突分是指持球队员持球突破后，主动地或应变地利用传球与同伴配合的方法。

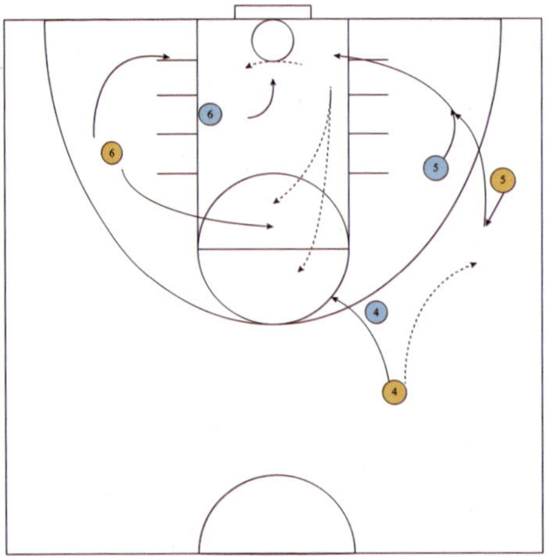

突分

队员突破时要快速、突然，在突破过程中要随时观察场上攻守队员位置的变化，及时准确地传球。接球队员要把握时机，及时摆脱对手，迅速抢占有利位置接球投篮。

【示例】⑤接④传球后沿底线运球突破，当遇到⑥补防时，⑥及时向两侧空档移动接应⑤，⑤可传球给⑥投篮，或传给乘机移动摆脱防守的④进攻。

3. 掩护（挡拆）

掩护队员采用合理的行动，用自己的身体挡住同伴防守者的移动路线，使同伴借以摆脱防守，或利用同伴的身体和位置使自己摆脱防守的配合方法，称为掩护。

【要求】掩护要符合规则要求；掩护队员动作要突然，被掩护队员要用假动作吸引自己的防守队员，不让对方发现同伴的掩护意图；掩护时同伴之间的配合时机非常重要，掩护配合时队员配合要默契，注意动作果断，并根据临场变化，争取第二次机会。

4. 前掩护

掩护者站立在同伴的防守者身前所进行的掩护称为前掩护。

【示例】④传球给⑤后先向下压，然后突然绕到⑤的身前，⑤转身传球给④并给④做掩护，④可根据防守者的情况及时投篮或突破。

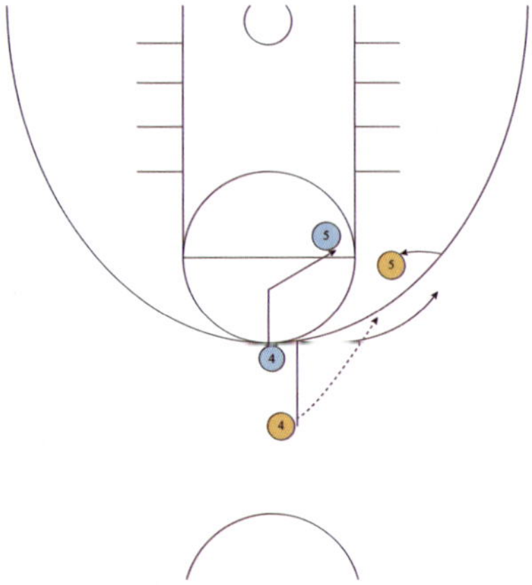

前掩护

5. 侧掩护

掩护者站在同伴的防守者侧面（稍偏后一些）进行掩护，称为侧掩护。

【示例】⑤传球给④后跑到④的侧后方做掩护，④接球后先向左做突破假动作，然后突然从右侧贴着⑤的身体运球突破上篮。⑤掩护后随后转身切入篮下。

6. 后掩护

后掩护是掩护者跑到同伴防守的身后做掩护的一种配合。

【示例】④传球给⑥时，⑤④跑到罚球线右侧示意接球，实际是给④去做后掩护，④传球给⑥后，先向跨步移动，然后突然向右变向，利用⑤的掩护切入篮下，接⑥的球投篮。

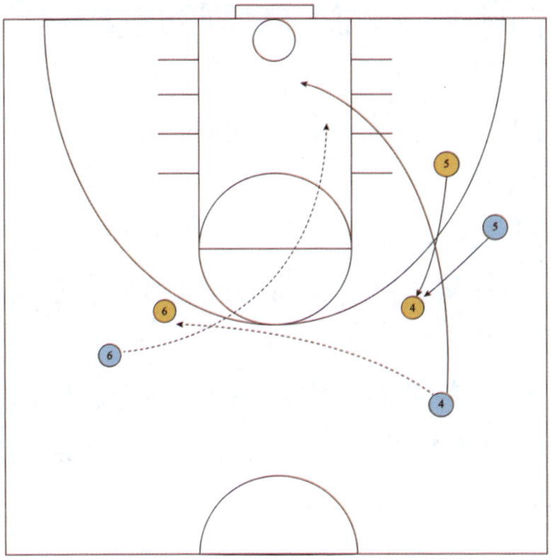

侧掩护

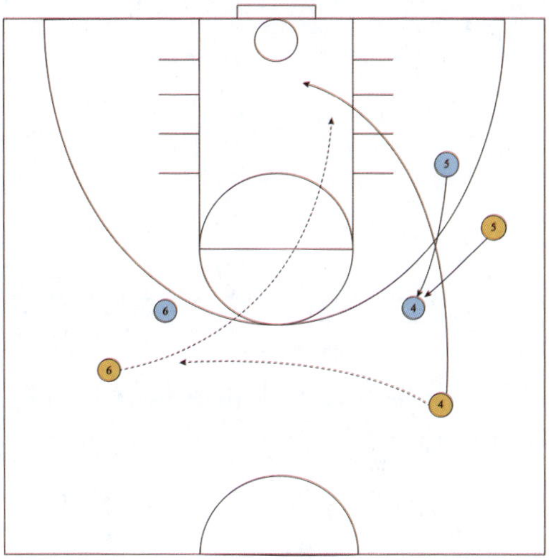

后掩护

7. 策应

策应是指进攻队员背对篮筐或侧对篮筐接球，由他作枢纽，与同伴空切相配合而形成的一种里应外合的方法。

策应队员要及时抢位要球，接球后两手持球护于胸前或头上，并结合转身、跨步等动作协助同伴摆脱防守或个人进行攻击。外围传球队员要根据策应者的位置和机会，及时准确地传给策应队员，做到人到球到，传球后迅速摆脱对手切入篮下，创造进攻机会。

二、防守基础配合

防守基础配合是在篮球比赛中，队员两三人之间为了破坏对方进攻配合组成的简单配合。

1. 关门

关门是指两名防守队员靠拢协同防守突破的配合方法。

【示例】参加者三攻三防。①②③在外围相互传球，寻找机会从①与②或②与③之间突破。①②③除了要防住自己的对手外，还要协助邻近同伴进行“关门”，不让对方突破到篮下。当进攻者突破不成把球传出时，“关门”的队

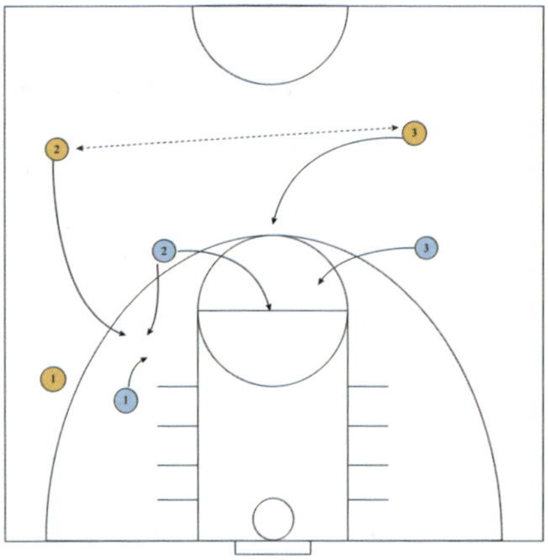
关门

员还应快速分开去防自己的对手。

【要求】防守者要根据对手有球或无球及时选择有利的防守位置。开始练习可规定进攻者用原地传接球，以帮助防守者练习。当基本掌握“关门”要点之后，可适当增加进攻灵活性，提高“关门”的质量。

2. 夹击

夹击是指两名防守队员有目的地同时采取突然的行动，封堵和围夹持球者的一种配合方法。

首先要选择好夹击的位置和时机。运用夹击时，贴近对方身体要适度，不能犯规。已形成夹击后，其他队员要随时轮转补位，严防对方近球区队员接球，远球区的防守队员要以少防多，选好断球位置。

3. 补防

补防是指防守队员在同伴漏防时，立即放弃自己的防守目标，去防守威胁最大的进攻者，而漏人的防守队员及时换防的一种协同防守的方法。

4. 穿过

当进攻队员进行掩护时，防守掩护者要及时提醒同伴，当两个掩护配合的进攻者交错时，防守掩护者的队员要主动后撤一步，让同伴能及时从中间穿过去，以便继续防守自己的对手，这种配合就叫做穿过，一般在对方无投篮威胁时采用。

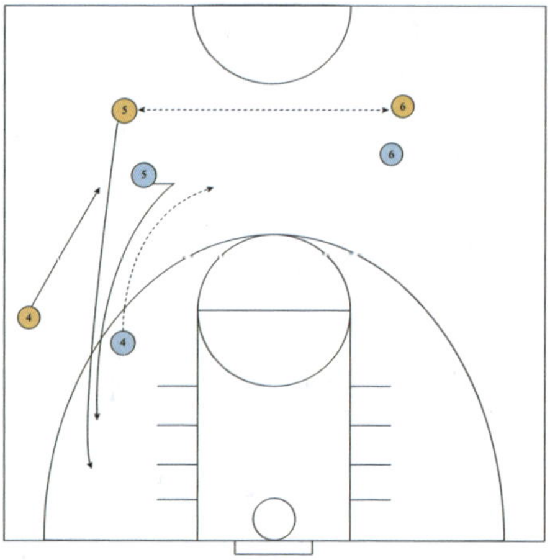
穿过

【示例】⑤传球给⑥，④上来给⑤做掩护，⑤发现不便于挤过防守时，应后撤一步并用滑步从④和④中间穿过继续防守⑤，与此同时④要主动后撤半步，以便⑤能顺利地穿过。

5. 挤过

挤过是指对方采用掩护进攻时，防守者为了破坏对方的掩护配合，当掩护者临近的一刹那，被掩护者的防守者主动靠近自己的对手，并从两个进攻者之间侧身挤过去，继续防住自己的对手。

当掩护者临近自己时，为了避免掩护成功，防守者应当时及时侧身，运用碎步挤过继续防住自己对手。

【示例】④运球去给⑤做掩护，当④临近⑤时，⑤快速贴近⑤并从⑤与④之间侧身挤过，继续防守自己所防守的⑤者。

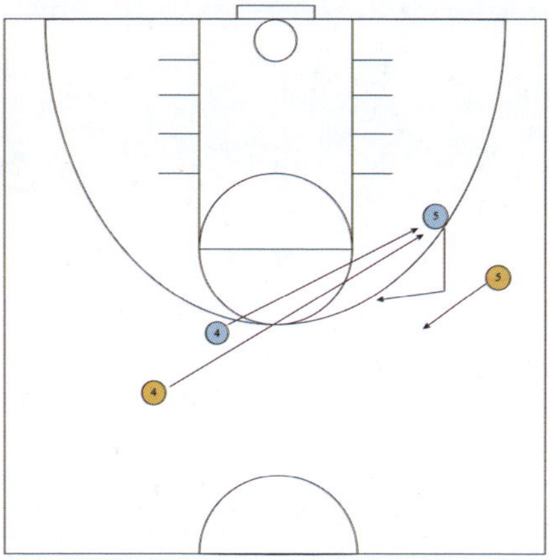

挤过

6. 绕过

绕过是破坏掩护的一种方法。当进攻队员掩护时，防掩护者的队员贴近对手，让同伴从自己的身后绕过，继续防守自己的对手。

【示例】如图所示，④传球给⑥后，去给⑤掩护，⑤切入，⑤发现不便于挤过或穿过时，从④身后绕过，④要配合默契，主动贴近自己的对手，以便同伴顺利通过。

7. 交换

交换是破坏掩护的另一种方法。进攻队员利用掩护已经摆脱防守时，防掩护的队员及时发出换防的信号，与同伴互换各自的对手。在适当时候在换防原来的对手。

【示例】⑤去给④掩护，⑤要提示同伴，④被挡住时，⑤主动呼唤同伴换防，⑤防守④的运球，④应迅速调整位置防守⑤。

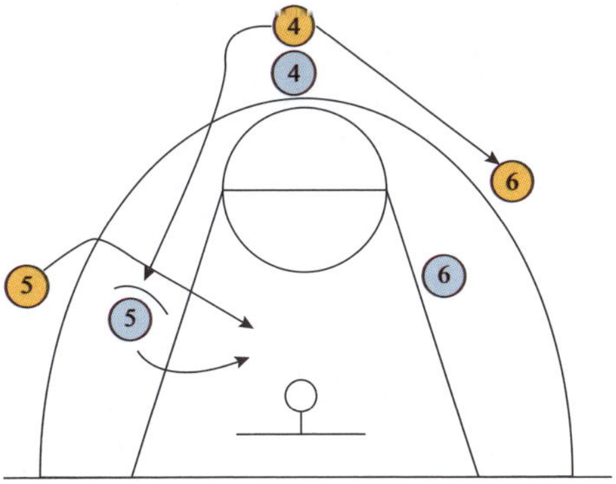

绕过

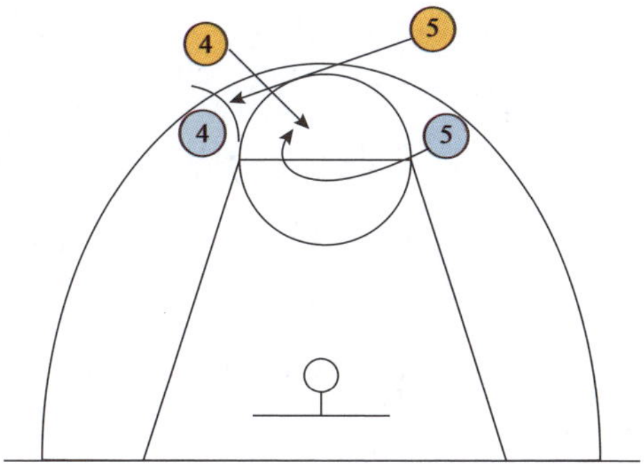

交换

全队战术

一、快攻与防守快攻

1. 快攻

快攻是由防守转入进攻时，进攻队以最快的速度、最短的时间，将球推进至前场，争取造成人数上和位置上的优势，以多打少，果断合理进行攻击的一种进攻战术。

（1）快攻的组织形式：

- 长传快攻：队员在后场获球后，立即把球长传给迅速摆脱对手的快下（已快速行进至对方半场）队员。
- 短传快攻（结合运球推进快攻）：防守队获球后，立即以快速的短距离传球的方式，直逼对方篮下进攻的一种快攻形式。

短传快攻

- 运球突破快攻：防守队员获球后，利用运球技术超越防守，自己投篮得分或传球给比自己有更好投篮机会的同伴进行攻击的方法。

（2）快攻的发动时机：

- 抢到后场篮板球时发动快攻。
- 掷后场界外球发动快攻。
- 跳球时发动快攻。

2. 防守快攻

防守快攻是指比赛中由进攻转入防守时，用于阻止和破坏对方组织快攻的防守战术。

（1）防守快攻的基本要求：

- 全队积极防守，保持攻守平衡，进攻投篮后既要有人积极拼抢篮板球，又要有人迅速退守。

• 积极封截和破坏对方的一传接应，抢占对方习惯的接应点并堵截接应队员，延迟对方的推进速度。

• 要有积极拼抢的意识，当对方形成快攻时，应快速退守，及时迅速地在以少防多的情况下，大胆出击，赢得时间和力量上的均衡。

• 要随机变换防守战术，在失球后，立即采取前场紧逼防守，退回后场，采用半场人盯人防守，破坏快攻。

（2）防守快攻的方法：

• 提高投篮命中率，积极拼抢前场篮板。

• 积极封堵第一传和接应。

• 堵截接应点。

• 防守快下队员。

• 提高以少防多能力。

二、半场人盯人防守与破解半场人盯人防守

1. 半场人盯人防守

（1）半场人盯人防守的要求：

• 根据双方队员身高、位置和技术水平合理进行防守分工。

• 由攻转守，迅速找人，积极抢断、夹击补防。

• 防守有球队员紧逼，积极防其运突传投。

• 防守无球队员，近球要贴近防守，切断对方传球路线；远球要回缩防守，始终保持人球兼顾。

（2）战术方法：

• 半场扩大人盯人防守方法。这种防守控制的防守区域比较大，一般是距篮筐 8 ～ 9 米，因此，这种防守用来对付中远距离投篮比较准但是突破和控球能力差的队伍比较有效。防守的重点任务是阻挠和破坏对方外围的传、运配合，封锁外围投篮，要紧紧盯住有球的队员和距离球近的队员，对距离球远的球员可以稍放远一些，以利于协同防守。一般要做到“三人紧，两人松”或“四人紧，一人松”。

• 半场缩小人盯人防守。这种防守方法控制的区域比较小，一般距篮筐

6 米左右，防守队员主要是占据和控制三分线以内的区域，重点防守对方篮下进攻。因此防守对方中锋的队员要紧紧盯住对方的中锋，外围队员也要协助防守对方中锋。防距离远的队员时要离他远一些，以便夹击对方中锋，或协助防守外围的突破。持球队员要防紧，防其突破和向篮下的传球。采用这种防守，伸缩性要强，做到贴近有球队员，做到人球兼顾，控制对手的移动，破坏其进攻。

2. 破解半场人盯人防守

破解半场人盯人防守的要求：

- 根据本队队员的身体条件、技术水平，适宜的选择进攻和战术队形，扬长避短，发挥本队的优势。
- 由守转攻时，要在前场迅速落位，形成战术队形，立即发动进攻。
- 在组织战术中，应该注意基础进攻配合的衔接和变化，既要明确每个人的进攻机会，又要明确全队的进攻重点，保持进攻的持续性。
- 组织进攻战术时，应尽量做到内外结合、左右结合；扩大进攻面，增多进攻点，增强战术的灵活性。
- 在进攻配合中，既要积极地穿插移动，又要保持攻守平衡。在进攻结束时既要有组织地拼抢前场篮板，又要有组织地进行退守。

三、区域联防与破解区域联防

1. 区域联防

区域联防是指进攻转入防守时，全队队员迅速退回后场，按区分工各自负责防守一定区域的进攻对手，形成一定的防守阵势，把每个防守区域有机地联系起来，并随球进行协同防守的一种全队防守战术。

（1）常见的区域联防形式：2−1−2、2−3、3−2、1−3−1、1−2−2、2−2−1

（2）区域联防的基本要求：

- 根据区域联防的形式、队员的身体技术条件，合理分配防守区域，发挥队员在各自防区的作用。
- 由进攻转入防守时，要积极阻止对方的攻势，有组织地快速退守和及早落位布置防守。
- 防守队员要协同一致，随球积极移动，并张开和挥动双臂，相互照应，形成整体防守。

- 防守持球队员时，应按照人盯人防守的原则，积极干扰和破坏对手的投篮、传球和运球，严防从底线运球突破。
- 防守无球队员时，要根据离球的远近和防区中进攻队员的行动，积极抢位和堵截，不让对手在有威胁的区域内接球，随时准备协同队友“关门”、补位。
- 当进攻队员采用穿插移动时，应根据其行动方向，先卡位，并迅速调整防守位置或队形；当进攻队员投篮后，每名防守队员都要堵位和抢位，有组织地争抢篮板球并发动快攻。

第五章

篮球运动中常见的损伤及防护

篮球是一项有激烈身体接触的对抗性项目，在运动中发生运动损伤是在所难免的。根据资料显示，易损伤的前三个部位是膝关节、腰部和踝关节，常见的损伤类型是挫伤、扭伤和肌肉拉伤。在运动中造成损伤的原因有很多，有主观因素，如准备活动不充分、身体状态不佳等，也有客观因素，如场地、天气、器材等。本章从损伤的类型及成因、预防、治疗及康复练习等方面为大家介绍篮球运动中常见的损伤及防护问题。

一、急性运动损伤的类型及成因

1. 扭伤

扭伤是一种闭合性的软组织损伤，通常发生在关节处，由于外力的作用，关节超出了正常的活动范围，因而造成韧带部分纤维断裂，严重者可造成韧带完全断裂，通常还会伴有肌肉、肌腱、血管、骨膜和软骨的损伤。在篮球对抗中最容易扭伤的部位是踝关节，通常是因为抢篮板、突破上篮、盖帽等起跳落地时踩到了别人的脚，破坏了踝关节的稳定性；或是由于踝关节本身力量不足，无法承受下落时体重的重力加速度而导致扭伤。膝关节扭伤的其中一个原因和踝关节一样，在起跳落地时，巨大的冲击力破坏了膝关节的稳定性导致扭伤；另一个原因则是在急速变向的时候负重姿势不正确导致扭伤。在篮球运动中急性腰部扭伤的发生率并不高，篮球运动员的腰伤大多是过度训练引起的劳损。在对抗中的腰部损伤多见于在防备不足的情况下，由后方来的极大冲击引起，如原地争抢篮板或者起跳投篮时有人从后面撞上来，且冲击力最大的点在腰部。上述三种扭伤都是在对抗中产生的，一般的技术训练中鲜有发生。技术训练中比较容易出现的扭伤部位是手指关节，如在传球或者抢篮板球练习中，球速过快，球感和接球缓冲技术又掌握得不好，快速飞来的篮球就会导致手指关节超范围活动，也就是俗称的“吃萝卜干”。

扭伤不可忽视，很多人在严重扭伤时发生了韧带断裂的情况，便无法再打篮球，以至于无法进行任何对抗性项目或者激烈的运动项目，而只能选择一些动作幅度小、节奏比较缓慢的运动。

2. 肌肉拉伤

肌肉是一种能够收缩，且有一定弹性的人体组织。人体的肌肉主要分为三大类，骨骼肌、平滑肌和心肌，本章中讨论的肌肉拉伤问题特指骨骼肌。肌肉拉伤是指在剧烈的运动中肌肉急速收缩或者过度牵拉引起的损伤，一般情况下的肌肉拉伤只牵涉肌肉损伤，不会伴有其他部位的损伤。在篮球运动中较为严重的肌肉拉伤是跟腱断裂，由于准备活动不充分，在运动中突然起跳，后蹬力量过大使得肌腱或者肌腹断裂，应立刻绷起脚尖并进行加压包扎后，及时去医院做手术缝合。肌肉虽然具有弹性但也有一定的黏滞度，随着人体温度的升高，肌肉的黏滞度也会逐渐降低，弹性相对增大。在篮球运动中肌肉拉伤多发生于大腿后肌群、大腿内收肌和小腿三头肌，因为准备活动不充分或者本身肌肉力量不足，在急起急停或者连续弹跳后肌肉会产生局部疼痛、肿胀的情况，甚至出现肌肉发硬、痉挛、功能性障碍，就是我们常说的腿“抽筋”。小腿三头肌和大腿后肌群最易发生痉挛。

肌肉拉伤问题可大可小，如肌腱、肌腹断裂或肌肉组织撕裂都会出现局部凹陷的现象，而肌肉痉挛或者肌肉疼痛会出现僵硬、肿胀和局部隆起的现象。严重的肌肉拉伤必须及时就医并长期休息，较轻的肌肉拉伤恢复几天即可再次投入到运动当中，有的甚至稍作拉伸和按摩便可以继续运动了。值得注意的是，肌肉痉挛除了肌肉拉伤之外，还可能是因为运动中流汗过多，使得人体的电解质紊乱引起的，具体情况需要具体对待。

3. 挫伤

挫伤是指由钝物直接作用于人体的一种非开放性损伤，被损伤的部位有皮肤、浅筋膜、皮神经以及浅血管，表现形式通常是肿胀和淤青，严重时会出现功能障碍。篮球运动中常出现的挫伤大致分为两种，一种是在对抗中人与人之间的激烈碰撞，当一方较为脆弱的部位撞击到另一方较为坚硬的部位，脆弱的地方就会被挫伤；另一种是人体失去平衡，与场地器材相撞产生的挫伤。人与人之间在对抗中发生的挫伤情况比较复杂，如故意挥肘、提膝、蹬踹、顶胯等恶意犯规动作极易造成挫伤，而突破、防守突破、争抢篮板球时的正常对抗也有可能被对手的头部和肩肘部击中造成挫伤，尤其是喜爱在内线进行卡位、强攻的肉搏战打法很容易会有挫伤发生。所以，在比赛中躲避对方的头、肘、肩、髋、膝是预防挫伤的关键。与场地、器材相撞的挫伤也是比较多见的，如争抢地板球时的倒地，飞身抢救界外球时失去重心撞到篮球架、记录台甚至观众席都很容易造成挫伤，因为无论是身体的任何一个部位与这些地方相比都必然是脆弱的。

挫伤是篮球运动中最常见的运动损伤，其危害性不容忽视。挫伤的部位若是皮脂和肌肉较厚的地方，尚无大碍，但如果是关节部位的反关节撞击，很有可能造成韧带断裂、关节脱臼的严重后果。还有一种情况也比较危险，就是在失去重心摔倒的时候，如果头部的保护性反射较差则会使头部遭到重创。

4. 骨折和脱臼

骨折，专指骨头断开或裂开。造成骨折的原因主要有三种：直接暴力、间接暴力和疲劳积累。疲劳积累属于慢性损伤，本章中主要介绍由直接和间接暴力造成的骨折和骨裂。篮球是一项有着激烈身体对抗的运动项目，所以在运动过程中直接暴力不可避免，当较弱的骨骼与较强的骨骼相撞时，较弱的部分就容易发生损伤，如在突破时进攻队员的肩部撞到了防守队员的肋骨，就可能造成肋骨骨折或者骨裂。另外，趾骨和跖骨在遭到踩踏时也是极易骨折和骨裂的。间接暴力造成的骨折在篮球运动中比较少见，较为典型的案例则是上文中提到的起跳下落时踩到了别人的脚上，如果冲击力较大，就会导致踝关节相关受力骨骼发生骨裂，但这种情况的冲击力是有限的，所以骨裂情况偶尔发生，骨折发生率几乎没有。比较有意思的是，当有人落地时踩到别人脚上，很有可能是双方都发生骨裂，踩到别人的人踝关节可能受伤，被踩到的人可能跖骨和趾骨损伤。

脱臼又可称为关节脱位，是指应该对应的关节面失去了正常的对应关系。关节脱位有先天性的、病理性的和损伤性的，这里主要介绍损伤性脱臼。肩关节脱臼是篮球运动中较为常见的损伤，通常发生在青少年运动者身上。因为肩关节周围的肌肉力量不足，在争抢球的过程中手臂被迫向后过分伸展，就可能发生肩关节的后脱位。肘关节脱位的情况有两种，一种与肩关节脱位相同，属于被迫反关节后的脱臼；另一种则是在失去重心摔倒时没有良好的保护意识，条件反射性地用手撑地，导致肘关节桡骨头半脱位，有时还会伴有腕部的挫伤。

骨折和脱臼都是篮球运动中较为严重的损伤，这两种损伤通常都会伴有韧带撕裂、肌肉拉伤、关节软组织损伤等现象，甚至是上述多种损伤复合发生。

5. 开放性创伤

开放性创伤与上述的损伤都不同，最明显的特征是“见血”。在篮球运动中较为严重的开放性创伤部位是头部和面部，由于这两个部位的皮脂较少，遭到肘部、头部或者牙齿的激烈碰撞后，附着在头骨和眉弓上的，薄薄的一层皮很容易裂开。另外，运动时如果嘴唇被击中，通常是口腔内部靠近牙齿的部位出现伤口，外部很少有开放性创伤。较为轻微的开放性创伤基本来自指甲和饰物的剐蹭，一般伤口不深，也不需要特意处理，清水冲洗或者乙醇消毒即可。

值得注意的是，较轻的开放性创伤虽然不严重，但如果处理不当，伤口被细菌感染，可能会造成很严重的后果。

二、慢性运动损伤的类型及成因

1. 过劳损伤

慢性运动损伤大致可分为过劳损伤和继发性损伤两大类。造成过劳损伤的原因有很多，其中最常见的一种是与运动技术密切相关的局部劳损，这种损伤也可以叫做运动技术伤。在篮球运动中，尤其是练习的过程中，为了提高某项技能的熟练程度，参与者会针对这项技能反复进行练习，如果重复次数超出了人体的承受能力，就会产生过劳损伤。这种在人体某一个结构处反复实施作用力而造成的损伤，专业训练者比较多。业余练习者的练习次数相对不会太多，发生这类损伤的主要原因是错误的技术动作。错误的技术动作会导致肌肉发力不平衡，过多的牵拉或者作用于人体较脆弱的地方，使得该部位不堪重负。通常下肢的过劳损伤比较多，因为篮球运动跑动和起跳是不可避免的，如果落地的姿势不正确，足底筋膜和胫骨骨膜发生炎症的可能性很高。上肢的劳损发生率要远远小于下肢，在投篮练习中，每一次投篮都是一个全身协调用力的过程，主动肌、协同肌和被动肌必须各司其职，如果不能够很好配合，形成动力定型，中远距离投篮不要说投进，就是能投到都比较难。很多人在练习远投的时候，为了能够完成投篮，只注意用很大的力，没有注意动作规格，长时间反复练习之后不但不会增加命中率还会使肩关节和腰部发生过劳损伤。

另一种过劳损伤比较特殊，叫做应力性骨折，是一种骨骼疲劳损伤的现象。这种损伤早期表现为骨骺炎，因为软骨炎症导致血运障碍，长期供血不足会影响钙质沉积，造成骨质疏松，同时变性的骨细胞新陈代谢能力（修复）降低，在极限负荷下就会产生断裂。发生应力性骨折的部位基本都在膝关节以下，如果身高和体重过大，每一次跑动或者起跳落地，都是对下肢的一种剧烈冲击，这对骨的耐受力有较高的要求。

还有一种过劳损伤是针对人体脏器的。运动的时候人体会发生一系列的生理反应，伴随着运动系统的活动，循环系统、神经系统、呼吸系统也在积极参与。如果运动量过大，或者在身体状态不佳的情况下运动，就会伤害到支撑器官，长此以往，体育锻炼不但不会是身体健康，反而成为慢性杀手。

2. 急性损伤后遗症

急性损伤后遗症与伤后处理不当、治疗不及时和康复训练不科学有着密切的关系。急性损伤后遗症有两种发展趋势，一种变为慢性劳损，另一种则是急性加重。前者属于轻、中度损伤，后者则属于重度损伤。扭伤和脱臼是比较容易转化为慢性损伤的，比较典型的急性损伤转为慢性损伤的例子有习惯性踝关节扭伤和习惯性肩关节脱臼。这些损伤在第一次受伤的时候，遭受的外力和伤肢的疼痛感是非常强烈的，损伤之后如果没有妥善处理，特别是在康复训练中没有注意增加小肌肉群的力量作为关节保护，那么在之后的运动中只要一个很小的外力刺激就会再次扭伤或者脱臼。在实际案例中，我们见过踝关节习惯性扭伤的患者，在正常走路的时候，稍不注意就会扭脚。习惯性脱臼的伤者，睡觉时翻身动作就能造成肩关节再次脱臼，慢性损伤到这一程度已经是非常严重了。

另外，人体具有代偿性，即某些部位受损后，机体其他未受损的部位会主动建立起新的平衡，弥补受损部位的功能。例如，当左腿受伤时，右腿会主动承担起更多的支撑和行动的重担；当肩关节受伤时，肘关节就会承担起更多的上肢功能。因为篮球运动损伤中下肢多于上肢，所以当踝、膝、髋关节等处受伤时，人体的核心部分（腰腹）会主动发力调整因为损伤而造成的不正常站立和行走姿态，这种自然启动的代偿功能往往会给腰部的压力过大。因此，我们常常能看到膝关节受伤的伤者通常伴随腰肌劳损。

陈旧性损伤急性发作，顾名思义，是旧伤发生急性病变。这里的旧伤有可能是过劳损伤，也有可能是急性损伤后遗症，但由于伤后没有进行科学正确的治疗，在未完全康复的情况下再次受伤。这种情况多出现在带伤练习中，很多人对慢性损伤重视度不够，损伤的自我评价也不准确，导致损伤雪上加霜。还有一种情况是受伤组织在本身修复不良的情况下遇到气候变化等外界环境影响，导致症状加重。

三、预防

1. 外界因素

（1）场地、器材：运动场地不规范，边线离墙的距离过近，地面不平整，地板湿滑，篮球架摆放位置不对，并且没有防护海绵包裹等，这些场地、器材因素都是可能造成运动损伤的隐患。

（2）运动环境：球场内人员复杂，一些室外球场非运动者尤其是小孩子随意进入场地，容易发生碰撞导致损伤。气温过低容易发生冻伤或者肌肉拉伤；温度过高容易发生脱水和电解质紊乱引起的中暑、虚脱和肌肉痉挛。光线不适宜会影响视力、判断和运动者的反应。

（3）运动服装：通常每个运动项目都会有符合项目特色的衣服、袜子和鞋。运动服装不舒适也会造成损伤发生，尤其是运动鞋。

2. 内在因素

（1）准备活动：很多损伤的原因是由于准备活动不充分造成的。按照符合人体运动规律的正确做法，在剧烈运动之前，应该进行 15 ～ 20 分钟的低强度至中强度的热身、拉伸活动。随着身体慢慢变热、出汗，肌肉的黏滞度降低，心肺功能也逐渐增强起来，这个时候的身体状态才适合进行剧烈运动。一些练习者，尤其是业余的篮球爱好者，不重视准备活动，有的甚至不做准备活动，直接开始运动或比赛。这样非常容易造成肌肉拉伤和关节扭伤的急性损伤，长此以往，不但没有起到锻炼身体的作用，还会对身体造成伤害。

（2）旧伤未愈：由于损伤部位的功能和肌肉力量都不如健康的部位，所以再次损伤的概率要大很大。如果对自己原有的损伤情况认识不足，在没有痊愈的情况下做一些超出极限的动作和超负荷的运动，就会导致再次损伤。另外，如果有了损伤，准备活动环节更加不能忽视，需要对损伤部位进行特别的活动。因此，带有损伤的运动者，准备活动时间应更长。

（3）运动状态不佳：在运动时要保持良好的身体状态和精神状态，如空腹或者饱腹状况下进行运动都会造成胃肠道的损伤。机体过度疲劳或者精神状态不佳会使注意力不集中，反应迟钝，在这种情况下进行激烈的篮球对抗，很容易受伤。另外，生病、带伤或者酒后进行运动都是不正确的，不仅会损害身体，甚至可能有生命危险。

（4）佩戴护具：对于有损伤的运动者而言，选择合适的护具非常重要。一般篮球运动常用的护具包括下肢护具（护膝、护踝，护腿）、上肢护具（护指、护腕、护肘、护肩）、躯干部护具（护腰）、面部护具（护齿和护面），在一些特殊情况下还会用到绷带、肌贴、胶布等特殊保护用具。如膝关节交叉韧带或者侧副韧带损伤，可以通过绷带和胶布进一步达到稳定关节的效果。踝关节习惯性扭伤者，可以通过多方位的胶布固定来预防再次扭伤。肌肉拉伤可以用肌贴来缓解肌肉的工作负荷。总而言之，护具的选择要根据受伤的部位而定，但护具都是被动保护的装备，增加肌肉力量、柔韧性和耐力，才是主动预防损伤的良策。值得注意的是，很多人在没有损伤的情况下，为了模仿或者装饰而佩戴护具会引起关节周围的力量代偿，不但不会预防损伤，反而会成为导致损伤的隐患。

四、治疗及康复练习

1. 治疗

在运动中造成的运动损伤，处理得越早、越及时，对日后的康复越有利。对于急性损伤的基本处理原则是先止血，再固定，然后就医。虽然运动损伤的治疗和康复是需要依靠专业医生的帮助，但在损伤的初期，因为条件受限，还是需要掌握一些基本的治疗方法来应急。伤后如果发生外伤流血的情况，首先要选择用干净、柔软的物品加压止血，然后固定伤肢，以防骨折或者脱臼的情况更加严重。如果是鼻子出血，伤者要头后仰，暂时用口呼吸，用柔软的物品将鼻孔堵住止血的同时，用冷水或者冰袋敷前额和鼻梁。一般即可止血。谨记，外伤在处理之后仍然血流不止，必须及时就医，否则会因失血过多出现晕厥。如果损伤没有涉及外伤，首先固定伤肢，然后冰敷，加压包扎，抬高伤肢。这些都是为了暂时性的镇痛，同时阻止因毛细血管破裂、出血量增加造成的水肿。如果是头部遭到重击，需要按照脑震荡的处理方式来处理。首先让伤者仰卧平躺，然后冷敷头部，但要注意身体保暖，如果伤势严重，在送去就医的时候也始终要保持仰卧平躺的体位。

损伤后的 24 ～ 48 小时属于处理中期，此时医生应已排除急性损伤所造成的危险。这个阶段的治疗方法有很多，如针灸、按摩、理疗等。如果伤势不太严重，热敷、按摩和拉伸等治疗在家也可以自行完成。这些治疗的目的主要是改善局部的血液循环，促进组织的新陈代谢，帮助机体尽快地吸收因为损伤而渗出的淤血和体液，同时防止软组织粘连。

损伤的晚期是以恢复肌肉和关节的功能为主。目前对这一阶段的运动损伤和慢性损伤，学术界大多主张用非手术的方法治疗，其中中医药治疗备受推崇，最常用的治疗方法有针灸、推拿、拔罐、电针和中药外敷。这些中医疗法是我国独有的治疗手段，具有经济、方便、副作用小、治疗效果显著的特点。特别是刺血疗法，对扭伤后消除肿胀和淤血清理非常有效；小针刀对伤后的组织粘连、足跟骨刺剥离、慢性腰肌劳损的横行剥离效果都非常好。

2. 康复练习

康复的目标主要是通过一些身体练习，使伤者恢复到理想的活动水平。康复练习不是等伤完全好了再开始的，而是从损伤后的几天或几周就开始了。实践证明，合适的康复练习启动越早，最终的康复效果越好。康复可分为三个阶段：急性阶段、康复阶段和训练阶段。急性阶段的康复练习，其主要任务是帮助伤者在最短的时间内消除疼痛并重新恢复关节的活动范围，如果这个阶段启动过晚可能会造成关节组织粘连，影响日后的关节活动范围。在急性阶段，被动的练习比较多，如关节各方向的适宜拉伸等。

在康复阶段，主要是避免肌肉力量和耐力的丢失。从急性阶段的被动练习改为主动练习，练习时不建议做器械的抗阻练习，多采用对抗自身重力的练习。

（1）肩关节：平举、拉锯、飞鸟和扩胸等。这些练习能够在保持肩关节活动范围的基础上稳定肩胛骨，增强肩袖力量。

（2）肘部和手腕：拨腕、划掌、拉锯和提肘下压等。这些练习能够使肘关节和腕关节恢复原有的支撑力。

（3）腰部：后退行走、侧身行走、交叉步行走和顶髋等。这些练习能够加强腰部周围的肌肉力量，保持核心稳定性。值得注意的是，要尽量避免身体折叠式的力量训练。

（4）膝关节：静蹲、挺髋、单足支撑、侧向和交叉步行走等。这些练习主要是恢复正常的神经肌肉功能，同时保持股四头肌和腘绳肌的力量，同样要尽量避免膝关节反复折叠的动作。

（5）踝关节：踝内旋站立、外旋站立、足尖步、勾脚行走等。这些练习的主要目的是在保持踝关节活动范围的同时，恢复神经肌肉功能，拉伸受伤的韧带，保持踝关节的肌肉力量和稳定性。

在度过康复期之后，进入训练阶段就可以进行负重练习了，在上述这些练习的基础上可以增加身体和关节的折叠力量练习，也可以进行跳跃练习等。训练阶段的主要任务是通过抗阻训练，增加肌肉力量，进一步保护关节，预防再次受到损伤。目前康复治疗的手段很多，在专业训练领域，水中康复法的实验研究成果比较丰富，从理论上说，同样的动作，在水中进行可使人体处于“失重”状态，这样能够减轻关节的承重负荷。所以，在水中进行针对性的力量和柔韧性练习，能够有效地减轻疼痛状况。

康复的整个过程需要专业人士制订计划和监督，在实施过程中可以随时与医生或者训练师沟通，及时报告自己的感受，不可急于求成，要严格遵守循序渐进的原则，否则不但效果会大打折扣，而且很可能会加重伤势。

参考文献

郭永波．篮球运动教程．北京：北京体育大学出版社，2005.

哈尔·维赛尔．篮球运动技术从入门到精通．张明译．北京：人民邮电出版社，2016.

科瓦克斯．著动态拉伸训练．张长念译．北京：北京体育大学出版社，2016

孙民治．篮球运动高级教程．北京：人民体育出版社，2000.

滕朝阳．快乐人生 简单篮球．成都：西南交通大学出版社，2012.

杨忠伟，李豪杰．运动伤害防护与急救．北京：高等教育出版社，2015.